QUAIS SÃO AS SUAS ÚLTIMAS PALAVRAS?

QUAIS SÃO AS SUAS ÚLTIMAS PALAVRAS?

As despedidas mais famosas da humanidade

JOSEPH HAYDEN

TRADUÇÃO
UBK Publishing House

ubook ubk
Publishing House

Publicado mediante acordo com Mango Media Inc. Edição original do livro, *Any Last Words: Deathbed Quotes and Famous Farewells* publicado por Mango Media Inc.

ubook UbK
Publishing House

COPIDESQUE	Larissa Salomé
REVISÃO	Juliana Bianco e Evellyn Pacheco
ADAPTAÇÃO DE CAPA	George Lima
CAPA ORIGINAL	Elina Diaz
DIAGRAMAÇÃO	Abreu's System

Dados Internacionais de Catalogação na Publicação (CIP)
(Câmara Brasileira do Livro, SP, Brasil)

Hayden, Joseph
Quais são as suas últimas palavras?: as despedidas mais famosas da humanidade / Joseph Hayden; tradução UBK Publishing House. – Rio de Janeiro: Ubook Editora, 2020.

Título original: Any last words?: deathbed quotesand famous farewells
Bibliografia
ISBN 978-65-86032-07-9

1. Morte 2. Morte - Citações, máximas, etc. 3. Últimas palavras I. Título.

20-33873 CDD-808.882

Índices para catálogo sistemático:
1. Morte: Citações: Coletâneas: Literatura 808.882

Cibele Maria Dias – Bibliotecária – CRB-8/9427

Ubook Editora S.A
Av. das Américas, 500, Bloco 12, Salas 303/304,
Barra da Tijuca, Rio de Janeiro/RJ.
Cep.: 22.640-100
Tel.: (21) 3570-8150

Sumário

Introdução

As suas últimas palavras serão provavelmente as mais difíceis de dizer. Antes de mais nada, é quase certo que você estará no pior estado de saúde da sua vida. Se tiver a sorte de estar internado em uma idade avançada, rodeado de amigos e família, é provável que se distraia por estar muito, muito doente. Se você morrer de repente, qualquer coisa que não seja "Ugggh" pode ser vista como uma vitória. Fora uns poucos afortunados, as últimas palavras raramente são as de indivíduos serenos e calmos.

No entanto, apesar das sentenças finais nem sempre serem as mais eloquentes, são significativas. São, muitas vezes, um pequeno vislumbre do orador: um instantâneo do *eu* mais verdadeiro de uma pessoa. Outras vezes são exemplos de pessoas que reagem às situações mais difíceis já enfrentadas. Algumas são inteligentes, outras, amorosas, algumas são de partir o coração, algumas são desesperadamente tristes, mas todas dizem algo sobre o orador.

Nestas páginas você encontrará as últimas palavras de mais de duzentos atores, escritores, músicos, políticos, criminosos, pensadores, atletas e muito mais. Veremos um retrato breve de cada uma dessas personalidades e as maneiras como muitas das suas sentenças derradeiras forneceram um epitáfio adequado a uma vida vivida de forma única.

Vale a pena repetir que nenhum dos envolvidos respondeu a pedidos de autenticação ou esclarecimento, por isso, teremos de dar os nossos melhores palpites sobre a verdadeira intenção de cada um. Quanto às palavras em si, algumas foram transmitidas ao longo dos séculos, outras foram registradas por fontes duvidosas. Todas, no entanto, devem ser tomadas com pelo menos uma pitada de sal — embora muitas das mais belas verdades possam ser encontradas em meio a invenções.

Capítulo 1

Hollywood

Hollywood foi construída sobre os talentos fenomenais de homens e mulheres, como Charlie Chaplin, John Wayne e Marilyn Monroe — todos mortos. Stanley Kubrick também está morto, assim como Mary Pickford e Peter Sellers. Alfred Hitchcock, Groucho Marx, Joan Crawford? Morto, morto e morta. O fim vem para todos nós, mesmo os famosos e bonitos. São pessoas que deixaram uma marca inconfundível no mundo, pessoas cujo trabalho inspirou gerações e que agora estão supermortas. Já se perguntou por que Paul Newman não faz um filme há algum tempo? Você tem uma chance.

Todas essas talentosas superestrelas deixaram um legado. Parafraseando Robin Williams ao citar Walt Whitman em *Sociedade dos poetas mortos*, a poderosa peça continua, e eles contribuíram com um verso. Alguns foram capazes até de incluir mais uma grande fala antes do final. Das hilariantes às mais sinceras, aqui estão algumas das melhores últimas linhas de algumas das estrelas mais brilhantes de Hollywood.

GROUCHO MARX (1890-1977)

É difícil encontrar um comediante moderno que não seja influenciado por Groucho Marx. Com um dos textos mais citados da história de Hollywood, Groucho se tornou parte da vida cotidiana de todos os cidadãos de seu país. O homem, com o bigode preto e o charuto onipresente, fez 13 filmes com os irmãos Marx, incluindo o clássico *Diabo a Quatro*, além de desfrutar de décadas de sucesso em carreira solo no rádio, na tela e no palco, incluindo o programa *You Bet Your Life*.

O seu impacto é tão grande que até a rainha Elizabeth II o citou no seu aniversário de oitenta anos, dizendo: "Qualquer um pode envelhecer — tudo o que você precisa fazer é viver o suficiente."

Só alguém esperto como Groucho teria muitas ideias boas para se contentar com apenas uma sacada final. Alguns amigos íntimos sugeriram que suas últimas palavras foram "Isto não é maneira de viver", enquanto a maioria alega que foram ditas para sua esposa, especificamente:

"Morrer, minha querida? Ora, essa é a última coisa que vou fazer!"

De qualquer maneira, todos concordam que Groucho saiu de cena com uma ótima piada.

CHARLIE CHAPLIN (1889-1977)

Chaplin foi um dos primeiros autores verdadeiros de Hollywood. Ele fez de tudo. Atuou, dirigiu, produziu e escreveu. Até gravou as trilhas sonoras de seus filmes. Ele era um perfeccionista, e isso é visível. Seus filmes ainda são amados quase um século depois, e seu personagem mais famoso, Carlitos, tornou-se um ícone do cinema.

Apesar de ser conhecido pelos seus trabalhos mudos, como *Luzes da Cidade* e *Tempos Modernos*, Chaplin foi sagaz mesmo no seu leito de morte. Depois que um padre lhe deu a unção dos enfermos, terminando em "Que o Senhor tenha piedade de sua alma", ele respondeu:

"Por que não? Afinal de contas, pertence a ele."

BOB HOPE (1903-2003)

Hope viveu até os cem anos e, no verdadeiro estilo Bob Hope, usou isso como piada: "Você sabe que está ficando velho quando as velas custam mais que o bolo."

Desde seus primeiros filmes, em meados dos anos 1930, até sua última turnê da USO, para as tropas americanas na Guerra do Golfo, no início dos anos 1990, Bob Hope foi uma presença onipresente nos palcos e nas telas dos Estados Unidos. Ele apareceu em mais de sessenta filmes, incluindo a famosa série *Road to...* com Bing Crosby. Ele apresentou o Oscar 19 vezes e jogou golfe com 11 presidentes — incluindo uma ocasião notável em que completou um quarteto com Ford, Clinton e Bush.

É seguro dizer que ele já tinha visto de tudo em seu século como ator, cantor, dançarino, golfista, comediante, apresentador, artista da USO e animador. Por isso, as suas últimas palavras foram realmente adequadas:

"Surpreenda-me."

BING CROSBY (1903-1977)

A outra metade da dupla dos filmes *Road to...* era verdadeiramente única. Sua lista de prêmios inclui um Oscar, três estrelas na Calçada da Fama de Hollywood, um Cecil B. DeMille e o primeiro Grammy Lifetime Achievement Award. Bing Crosby era um ator adorado, e sua voz inspirou gerações de cantores e estabeleceu um patamar para canções de Natal que ainda não foi batido.

Dizer que Crosby é uma instituição estadunidense seria um eufemismo. Ele esteve entre os dez primeiros em vendas de bilheteria por quinze anos, ao mesmo tempo, conseguiu gravar 23 álbuns, que conquistaram discos de ouro ou platina. Crosby fez tudo isso mantendo uma imagem acessível e agradável, com a qual quase todo mundo se identificava, e se identifica até hoje.

Ele morreu fazendo o que amava. Depois de disputar uma partida de golfe, na Espanha, um jogo que, segundo ele, perdera por uma tacada, sofreu um ataque cardíaco fatal no caminho de volta para o clube. As suas últimas palavras:

"Foi um grande jogo de golfe, amigos."

JOSEPHINE BAKER (1906-1975)

Baker fez de tudo. Ela foi atriz, cantora, dançarina, escritora, ativista e agente da Resistência Francesa. Viveu em um castelo, discursou em marchas ao lado de Martin Luther King Jr. e foi condecorada com medalhas pela sua participação na Segunda Guerra Mundial.

Aos 68 anos, foi protagonista de uma retrospectiva de sua obra em Paris, um espetáculo que contou com a presença de Mick Jagger, Diana Ross e Liza Minelli. Alguns dias após o show, Josephine morreu decorrente de uma hemorragia cerebral, e foi encontrada em sua casa, rodeada de recortes de resenhas elogiosas. As últimas palavras que a ouviram dizer, quando deixava uma festa em sua homenagem, foram:

"Ah, vocês, jovens, agem como velhos. Vocês não são divertidos."

JOHN BARRYMORE (1882-1942)

John nasceu em uma família teatral, uma família que ele impulsionaria para um novo patamar como uma das primeiras estrelas das telas. Mesmo alcançando a fama no palco, interpretando alguns dos papéis mais famosos de Shakespeare, Barrymore era mais conhecido por suas comédias leves e seu comportamento encantador ao atuar. A combinação da sua reconhecida boa aparência e da sua voz bem treinada pelo teatro, transformou-o em um dos atores de maior sucesso durante a transição dos filmes mudos para os falados.

Ele talvez tenha sido o primeiro *bad boy* de Hollywood. Seus famosos ditos incluem: "Você só pode ser tão bom quanto ousa ser mau" e

"Sexo: a coisa que consome menos tempo e causa a maior quantidade de problemas". As suas últimas palavras foram:

"Morrer? Eu deveria dizer que não, caro amigo. Nenhum Barrymore permitiria que uma coisa tão convencional lhe acontecesse."

JOAN CRAWFORD (1905-1977)

Na década de 1930, Joan passou rapidamente de "It Girl" para "It Woman" de Hollywood. Ela interpretou personagens que eram tão inteligentes, trabalhadoras e duronas quanto ela. Crawford era famosa por ter conflitos com quase todo mundo do cinema, e teve uma rivalidade lendária com Bette Davis.

Uma das falas mais famosas dela é: "Você tem que ser autossuficiente e forte para sobreviver nesta cidade. Caso contrário, você será destruído." Ninguém seguiu mais este lema do que Joan.

Sua língua afiada e a independência feroz nunca vacilaram, nem no fim. Nos seus últimos momentos, sua empregada caiu de joelhos para rezar ao lado de sua cama, mas Crawford encurtou os pedidos:

"Droga! Não se atreva a pedir a Deus que me ajude!"

DONALD O'CONNOR (1925-2003)

Uma estrela incrivelmente prolífica dos palcos, do cinema e da televisão, O'Connor é talvez mais conhecido pelos seus papéis de coadjuvante do que por seus protagonistas. Cantor e dançarino talentoso, ele teve muitos momentos memoráveis em muitos filmes, mas o mais famoso é o seu papel premiado como Cosmo Brown, em *Cantando na Chuva*, que apresenta a sua performance de "Make 'Em Laugh".

Apesar de sua lista enorme de sucessos, O'Connor é considerado uma das estrelas mais subestimadas de sua época. No leito de morte, ele brincou com a sua família:

"Gostaria de agradecer à Academia o prêmio pelo conjunto da obra que eventualmente vou receber."

(Infelizmente, ele ainda não o recebeu.)

DOUGLAS FAIRBANKS (1883-1939)

A estrela de filmes mudos como *Robin Hood* e *A marca do Zorro* já foi conhecida como o rei de Hollywood. Fairbanks brilhou na era das produções mudas, tornando-se o epítome de uma estrela do cinema das matinês com seus adoráveis velhacos, piratas, ladrões e foras da lei.

Na década de 1920, o seu estrelato ultrapassou todos os limites ao se casar com Mary Pickford. A dupla é comumente reconhecida como o primeiro casal poderoso de Hollywood, e era recebida por legiões de fãs fervorosos em todos os lugares.

Infelizmente, o tempo de Fairbanks no topo foi curto, pois sua saúde e fama declinaram durante a era do cinema falado, e Mary e ele se separaram em meados dos anos 1930. Douglas morreu em 1939 em decorrência de um ataque cardíaco em sua casa. Suas últimas palavras:

"Eu nunca me senti tão bem."

SIR LAURENCE OLIVIER (1907-1989)

Talvez não haja outro ator que tenha causado tanto impacto no palco e na tela juntos como sir Laurence Olivier. Ele dominou o West End, ajudou a transformar a Old Vic na respeitada companhia teatral que é hoje e foi o diretor fundador do Teatro Nacional Britânico. Estrelou mais de cinquenta filmes e vários programas de televisão.

Ainda que Olivier tenha desempenhado todos os tipos de papéis, ele é mais conhecido por seu trabalho como ator shakespeariano. Sir Laurence interpretou todos os grandes papéis que o bardo escreveu. A dramaturgia estava tão enraizada no DNA de Olivier que Shakespeare inspirou suas palavras finais. No leito de morte, quando uma enfermeira, que tentava umedecer seus lábios, ficou muito cuidadosa com a água, Olivier repreendeu-a, dizendo:

"Sabe, isto não é *Hamlet*. Não é para ir para o raio do ouvido."

MARILYN MONROE (1926-1962)

Talvez ninguém tenha partido tantos corações como a loira sensual, Marilyn Monroe. A talentosa atriz solidificou o seu lugar no topo da lista de Hollywood com performances de estrela em filmes como *Os Homens Preferem as Loiras* e *Quanto Mais Quente Melhor*.

A própria Marilyn foi tema das últimas palavras de Joe DiMaggio, um dos mais famosos jogadores de beisebol de todos os tempos.

Na noite anterior à sua morte, ela disse para Ratpacker e o cunhado de JFK, Peter Lawford:

"Digam adeus à Pat, digam adeus a Jack e digam adeus a vocês mesmos, porque vocês são caras legais."

ALFRED HITCHCOCK (1899-1980)

Não há dúvida de que Hitchcock é um dos maiores diretores de todos os tempos. Embora ele, surpreendentemente, não tenha ganhado um Oscar como diretor, criou uma lista inigualável de obras-primas: *Psicose*; *Janela Indiscreta*; *Um Corpo que Cai*; *Os* Pássaros; *Intriga Internacional*; *Rebecca, a Mulher Inesquecível* e por aí vai.

O impacto que ele causou é impossível de ser medido. Não há outro diretor que possa ser identificado apenas pela aparência de sua sombra ou pelo som de sua música tema.

O rei dos thrillers tinha mais do que algumas coisas a dizer sobre a natureza do cinema e da vida, incluindo "Drama é a vida com as partes chatas cortadas" e "Não há terror no estrondo, apenas na antecipação dele". Embora não sejam as suas palavras derradeiras, nos seus últimos dias, Hitchcock nos deixou com mais uma frase memorável:

"Nunca se sabe o final. É preciso morrer para saber exatamente o que acontece depois da morte. Contudo, os católicos têm suas esperanças."

DEL CLOSE (1934-1999)

Del Close foi uma das figuras-chave na ascensão do teatro de improviso. Junto com seus colaboradores de longa data, Charna Halpern e David Shepherd, Close ajudou a impulsionar a cena do improviso estadunidense para novos patamares. Durante os anos 1980 e 1990, seus ensinamentos e orientações influenciaram o mundo da comédia, talvez, mais do que os de qualquer outra pessoa.

Entre os alunos de Del Close, estiveram Bill Murray, Chris Farley, Gilda Radner, John Candy, Stephen Colbert, Harold Ramis, John Belushi, Bob Odenkirk, Tina Fey, Mike Myers e Amy Poehler — e esta é apenas uma lista abreviada para poupar espaço. O seu impacto ainda é sentido nos palcos de Nova York, Chicago e outros.

Sua presença física ainda é notada no Goodman Theatre, em Chicago, pois, em seu testamento, ele deixou seu crânio ao teatro com instruções para que fosse usado em *Hamlet* e creditado no programa por interpretar Yorick. Engraçado até ao fim, as últimas palavras de Del Close foram:

"Estou cansado de ser o mais engraçado da sala."

HUMPHREY BOGART (1899-1957)

Pelo que sabemos, Bogart merece a reputação alcançada de durão. Ele foi expulso da escola particular — há rumores de que jogou o diretor em um lago —, serviu na Marinha e aperfeiçoou a sua arte com muita persistência. Depois de anos de trabalho árduo, Bogart foi recompensado com o estrelato em filmes clássicos, como *Casablanca*, *A Nave da Revolta*, *Uma Aventura na África* e *Relíquia Macabra*.

Há duas linhas diferentes que dizem ser as últimas palavras do ator. Alguns alegam que elas foram: "Nunca devia ter trocado o uísque por martínis." As palavras, certamente, soam como o ator implacável que todos nós conhecemos e amamos. No entanto, sua esposa, Lauren Bacall, relatava que o derradeiro discurso de Bogart foi um pouco mais comovente, embora ainda dentro do personagem. Quando Bacall estava saindo da cabeceira de Bogie para ir buscar os filhos, ele disse:

"Adeus, menina. Volte logo."

TALLULAH BANKHEAD (1902-1968)

Tallulah Bankhead não é um nome familiar, mas deveria ser. Pergunte a qualquer um que tenha visto sua fantástica atuação no filme de Hitchcock *Um Barco e Nove Destinos*. Conhecida por sua sagacidade cáustica, atitude ousada e habilidade invejável no palco e na tela, Bankhead estava bem à frente do seu tempo.

Os gracejos mais famosos de Bankhead incluem "Se eu tivesse que viver minha vida novamente, cometeria os mesmos erros, só que mais cedo", "Só as garotas boas têm diários. As más não têm tempo".

Famosa por beber mais que muitos homens, ela não se desculpava por seus vícios. Bankhead morreu aos 66 anos em decorrência de uma pneumonia, depois de ficar nua nos bastidores. Suas últimas palavras:

"Codeína, bourbon."

CHARLES GUSSMAN (1913-2000)

Como Tallulah, Gussman também pode não ser um nome familiar. Ele deixou sua marca nos bastidores como escritor de seriados de rádio e de televisão e novelas. As obras de Gussman no rádio incluem *Young Doctor Malone*, *The Right to Happiness* e *The Road of Life*. Em anos posteriores contribuiu em programas de televisão, incluindo *Ilha dos Birutas* e a novela *Days of Our Lives*, seu último trabalho creditado.

Embora Gussman tenha dado falas marcantes a muitos personagens ao longo dos anos, ele salvou o melhor para si mesmo. No leito de morte, com a filha ao seu lado, ele, supostamente, inclinou-se e, junto com seu último suspiro, disse:

"E agora uma palavra final do nosso patrocinador."

WALT DISNEY (1901-1966)

Não há dúvida de que a combinação de imaginação e senso empresarial de Walt Disney mudou o mundo. Independentemente do que você pense sobre a gigante corporação, a Disney estabeleceu o padrão dos filmes de animação e criou parques temáticos que, até hoje, são os sonhos de crianças de todas as idades. Como o próprio Walt Disney disse uma vez: "Todos os nossos sonhos podem se tornar realidade se tivermos a coragem de persegui-los."

The Walt Disney Studios tem sido uma plataforma de lançamento para incontáveis atores ao longo dos anos: Shia LeBeouf, Ryan Gosling, aquele cara do filme *John Carter: Entre Dois Mundos*, Hillary Duff e Kurt Russell, para citar alguns, embora isso seja o menos importante aqui. Aparentemente, enquanto Walt Disney exalava seu último suspiro, não era a Mary Poppins ou Mickey Mouse que povoava seus pensamentos, mas, sim, Snake Plissken. Pouco antes da sua morte, ele escreveu uma nota em um papel. Dizia: "Kurt Russell."

JAMES STEWART (1908-1997)

Há dois tipos de pessoas neste mundo: aqueles que são fãs de Jimmy Stewart e aqueles de que devemos manter distância.

A estrela de filmes como *Um Corpo que Cai*, *A Felicidade Não se Compra* e *Meu Amigo Harvey* também voou em missões pela Força Aérea dos Estados Unidos, na Segunda Guerra Mundial, e foi o melhor amigo de Henry Fonda.

Provavelmente, não há melhor definição para ele do que esta famosa frase de Harvey: "'Neste mundo, Elwood, você deve ser tão esperto ou tão agradável.' Durante anos fui esperto. Eu recomendo ser agradável".

Stewart perdeu sua esposa alguns anos antes de sua própria morte, e seus últimos pensamentos foram sobre ela. Suas últimas palavras foram:

"Eu vou estar com a Gloria agora."

STAN LAUREL (1890-1965)

Stan é mais conhecido como o magro do lendário *O Gordo e o Magro*. A dupla foi um fenômeno em seus primeiros filmes de comédia pastelão e ficou ainda mais engraçada depois da transição para os filmes falados. Ela apareceu em mais de uma centena de filmes, incluindo 23 longas-metragens.

Laurel era frequentemente o escritor principal dos esquetes da dupla e era conhecido por ter uma inteligência afiada, tanto em cena como fora dela. Ele era famoso por pregar peças e criar esquetes sempre que tinha oportunidade.

No seu leito de morte, Laurel disse à enfermeira "Eu prefiro esquiar", o que a levou a perguntar se ele sabia esquiar. A resposta:

"Não, mas preferia estar esquiando a fazer o que estou fazendo."

OLIVER HARDY (1892-1957)

Hardy morreu oito anos antes do seu parceiro de *O Gordo e o Magro*. Enquanto o maior do par fosse muitas vezes o homem das ideias na tela, na realidade, ele era o mais descontraído da dupla na vida real. Conhecido por seus amigos como Babe, Hardy era um gigante gentil, adorado por todos que o conheciam.

Talvez ele seja mais conhecido por seu bordão "Bem, aqui está outra bela confusão em que você me meteu", que muitas vezes pontuou os esquetes de *O Gordo e o Magro*.

Seus últimos anos foram marcados por problemas de saúde, incluindo ataques cardíacos e derrames, o primeiro dos quais o atingiu durante a sua última viagem com Laurel. Morreu com a mulher ao seu lado. Suas últimas palavras foram para ela:

"Eu te amo."

LUCILLE BALL (1911-1989)

A estrela titular de *I Love Lucy* fez de tudo. Ela era uma comediante escandalosamente engraçada, atriz talentosa, modelo, produtora e executiva. Tiveram de construir novos parâmetros só para que ela pudesse batê-los.

Lucy nos deixou muitas falas fantásticas como, "O segredo de se manter jovem é viver honestamente, comer devagar e mentir sobre sua idade" e "Um homem que adivinha corretamente a idade de uma mulher pode ser inteligente, mas ele não é muito brilhante". As suas palavras finais foram simples, mas estranhamente assombrosas. Em resposta a uma enfermeira que lhe perguntou se ela precisava de alguma coisa, Lucy respondeu:

"A minha água de colônia."

DESI ARNAZ (1917-1986)

É impossível pensar em Lucy sem lembrar do seu amor dentro e fora de cena, Desi Arnaz. Como sua famosa esposa, o ator e músico, nascido em Cuba, quebrou muitas barreiras. Desi conseguiu se tornar não só uma estrela nacional, mas também uma voz importante nos bastidores como cofundador da Desilu Productions, sem nunca perder o contato com suas raízes ou recorrer ao humor fácil.

Embora o casal tenha tido alguns momentos decididamente difíceis, divorciando-se em 1960, eles permaneceram amigos até à morte de Desi. Na verdade, as últimas palavras dele, antes de perder sua batalha longa contra o câncer de pulmão, foram ditas por telefone para sua ex-mulher:

"Eu também te amo, querida. Boa sorte com o seu espetáculo."

Capítulo 2

Escritores

Para aqueles que passam a vida inteira com o objetivo de deixar sua marca nos anais da história, é de se esperar que as últimas palavras sejam especialmente cruciais. Como Mark Twain apontou: "A diferença entre a palavra quase certa e a palavra certa é realmente uma grande questão, é a diferença entre o vaga-lume e o relâmpago."

Não surpreende, então, que muitos dos escritores listados neste capítulo estivessem de fato preparados para a sua única chance de conseguir essa importante última linha — embora outros, incluindo o próprio Twain, aparentemente, se encontrassem em um caso muito inoportuno de bloqueio de criatividade.

VOLTAIRE (1694-1778)

Dizer que Voltaire foi prolífico seria como dizer que a Torre Eiffel é relativamente famosa. O dramaturgo, romancista, poeta, ensaísta, panfletário, historiador e acadêmico francês escreveu mais de vinte mil cartas e mais de dois mil livros e panfletos. E o mais impressionante é que grande parte deles são realmente muito bons.

Voltaire era conhecido por sua batalha contra a censura, uma batalha que o levou à prisão em algumas ocasiões, incluindo um período na Bastilha e, pior, ao exílio na Inglaterra. Não havia assunto que não pudesse ser um alvo para a sua língua afiada.

Muitas de suas citações se tornaram ditos comuns, tais como "Aqueles que podem fazer você acreditar em absurdos podem fazer você cometer atrocidades", "O bom senso não é tão comum" e "Julgue um homem por suas perguntas e não por suas respostas".

Outra das citações mais conhecidas de Voltaire é "Um ditado espirituoso não prova nada", o que é um tanto irônico considerando suas últimas palavras. Quando o escritor foi convidado no seu leito de morte a renunciar a Satanás, ele respondeu:

"Agora não é o momento de fazer novos inimigos."

DYLAN THOMAS (1914-1953)

Thomas lideraria a maioria das listas de galeses famosos. Em seus breves 39 anos, ele conseguiu escrever alguns dos poemas mais queridos e conhecidos do mundo, e teve uma ilustre carreira no rádio.

Também foi um dos bebedores mais famosos da história. O que ele via mais como um ponto de honra do que um problema, e, até onde se sabe, era melhor nisso do que a maioria das pessoas. Uma das citações mais famosas do poeta resume os seus sentimentos sobre o assunto: "Um alcoólico é alguém de quem você não gosta e que bebe tanto quanto você."

Ele passou seus últimos dias no infame Hotel Chelsea, bebendo um bocado. Na noite anterior à sua morte, ele voltou do bar e anunciou:

"Bebi 18 uísques. Acho que este é o recorde!"

EMILY DICKINSON (1830-1886)

Uma das maiores poetisas dos Estados Unidos, Dickinson viveu a maior parte da sua vida isolada. Os seus poucos relacionamentos sobreviveram por correspondência, e ela se correspondia de forma invejável. Dickinson foi uma das mais belas escritoras que já pousou a caneta no papel. Suas citações mais apreciadas incluem "Viver é tão surpreendente que deixa pouco tempo para qualquer outra coisa" e "A beleza não é causada. Ela é."

O fim de sua vida foi cheio de tristeza, pois ela perdeu o que parecia ser uma sequência interminável de amigos e familiares, um após o outro, até que, finalmente, perdeu a própria batalha de anos contra a doença de Bright — hoje chamada de insuficiência renal crônica. Suas últimas palavras foram tão assombrosas quanto se poderia esperar:

"Tenho de entrar, pois o nevoeiro está aumentando."

OSCAR WILDE (1854-1900)

Wilde era, e talvez ainda seja, o mestre indiscutível dos gracejos. O amado escritor de peças de teatro, romances, ensaios e histórias infantis de partir o coração só não deixou mais textos memoráveis em sua trajetória do que, o também inglês, William Shakespeare.

Faz sentido que Wilde tenha sido tão prolífico em seu leito de morte quanto foi ao longo da vida. Em seus últimos dias, o escritor nos deixou um volume de textos que só ele poderia escrever, e, embora nenhum deles fosse sua fala final absoluta, todos são memoráveis. Eles incluem:

"Estou morrendo além das minhas possibilidades", "Seria realmente mais do que os ingleses poderiam suportar se outro século começasse e eu ainda estivesse vivo" e "Meu papel de parede e eu estamos lutando um duelo até a morte. Um ou outro de nós tem de ir".

HENRIK IBSEN (1828-1906)

Ibsen foi um dramaturgo norueguês que influenciou quase todos os seus pares do século XX. Para se ter alguma noção de como ele era amado por alguns de seus contemporâneos, James Joyce teria se tornado fluente em norueguês só para poder ler Ibsen em sua língua original.

Conhecido como o pai do realismo, Ibsen tinha um humor sombrio que percorreu grande parte do seu trabalho, que estava a todo vapor até sua hora final.

Nos seus últimos dias, o artista estava acamado, depois de sofrer um derrame. Pouco antes de morrer, um conhecido que viera visitá-lo, perguntou sobre sua saúde, e a enfermeira de Ibsen sugeriu que o escritor estava em recuperação. A resposta dele, e suas últimas palavras, foram:

"Pelo contrário."

IAN FLEMING (1908-1964)

Autor de todos os romances de James Bond que valem a pena serem lidos, sua própria vida refletia a de 007 mais do que se poderia esperar.

Fleming foi um oficial de inteligência durante a Segunda Guerra Mundial e esteve envolvido no planejamento da operação Goldeneye. Ele se destacou no atletismo, frequentou uma escola particular pequena, dirigida por um ex-espião britânico, e teve vários relacionamentos e casos tumultuados com mulheres em posição de destaque.

Embora não tivesse sido um aluno exemplar em inglês, Fleming acabou seguindo uma carreira bem-sucedida como jornalista, e teve um sucesso enorme como romancista, escrevendo não só os romances de Bond, mas também o favorito das crianças *Chitty Chitty Bang Bang: O carro mágico*.

Infelizmente, Fleming era um fumante e bebedor inveterado, o que o levou a uma série de doenças que encurtaram sua vida. Suas últimas palavras foram para os paramédicos que o transportavam para o hospital após um ataque cardíaco. Ele foi britanicamente educado até ao fim:

"Lamento o incômodo, rapazes. Não sei como chegam tão depressa com tanto trânsito nas ruas hoje em dia."

LOUISA MAY ALCOTT (1832-1888)

A maioria conhece Alcott por seu *Mulherzinhas*, livremente inspirado em sua própria infância, que resistiu ao teste do tempo e se tornou uma das obras favoritas das crianças. O que poucos sabem é que a romancista e poeta, nascida nos Estados Unidos, era uma revolucionária.

Alcott cresceu ao lado de intelectuais como Henry David Thoreau e Ralph Waldo Emerson.

Com sua família, ajudou escravos fugitivos a cruzar a Underground Railroad, abrigando, inclusive, Frederick Douglass. Louisa May, além de abolicionista, foi uma feminista convicta, permanecendo independente durante toda a sua vida.

Sua saúde se deteriorou nos seus últimos anos, apesar de ser uma ávida corredora, o que ia contra as normas de gênero da época. Por fim, uma combinação de febre tifoide — que ela contraiu durante seu serviço na Guerra Civil dos Estados Unidos —, envenenamento por mercúrio do tratamento e, talvez, lúpus acabou derrubando-a, mas, mesmo assim, ela pensou que poderia vencê-la. As suas últimas palavras:

"Não é meningite?"

WILLIAM S. BURROUGHS (1914-1997)

Representante mais velho da geração beat, Burroughs foi escritor, viajante e famoso usuário de narcóticos. Ele divide os críticos como poucos. Seus trabalhos vão desde histórias lineares envolvendo o uso pesado de drogas até narrativas psicodélicas que alguns acham impenetráveis. Enquanto algumas pessoas viam Burroughs como uma importante voz de contracultura, outras lutavam para banir suas obras por obscenidade. O autor foi tão controverso quanto a sua obra. Seu uso documentado de drogas e álcool contribuiu tristemente para que a repetição de uma proeza de William Tell desse errado, resultando em um tiro acidental que matou sua mulher, Joan Vollmer.

Talvez o aspecto mais surpreendente da vida de Burroughs seja que ele viveu até os 84 anos. Participou de muitos dos movimentos contraculturais do século XX, incluindo a geração beat nos anos 1950 e A Fábrica, de Andy Warhol, nos anos 1960 e 1970.

Apesar de anos de uso pesado de drogas (ele ainda era um usuário ativo de heroína aos 80 anos), no fim, Burroughs morreu perto de sua casa modesta no Kansas, em decorrência de um ataque cardíaco a caminho de uma loja. As suas últimas palavras foram:

"Volto em um instante."

HERMAN MELVILLE (1819-1891)

Melville é mais conhecido por escrever *Moby Dick*, um romance que muitas vezes completa as frases "Um dia eu quero ler..." e "Eu realmente devo terminar...". Embora o romance seja um dos favoritos dos fãs dos clássicos, só foi reconhecido muito depois da morte de Melville.

Levou ainda mais tempo para as pessoas apreciarem *Billy Budd*, um romance inacabado do autor, mas que foi publicado mais de trinta anos depois, em 1924. As últimas palavras de Melville sugerem que, pelo menos, ele pensou que o livro poderia ter algum sucesso, pois morreu referindo-se a um dos personagens do romance:

"Deus abençoe o Capitão Vere!"

JANE AUSTEN (1775-1817)

Jane Austen publicou apenas quatro romances em vida, e mais dois postumamente. Isso significa que a relação entre adaptações cinematográficas e seus romances está na casa de dez mil para um.

O nome de Austen nunca apareceu nas capas dos seus romances enquanto viva. *Razão e sensibilidade* foi assinado "Por uma dama", e todos os subsequentes foram creditados como sendo da mesma autora de *Razão e sensibilidade*.

Ela morreu aos 41 anos, de uma combinação da doença de Addison e do linfoma de Hodgkin. No início, Austen pediu desculpas por sua enfermidade, minimizando-a e vendo-a como uma fraqueza em si mesma. Ao final de uma longa e dura luta, Jane Austen, infelizmente, estava pronta para ir:

"Não quero nada além da morte."

SIR ARTHUR CONAN DOYLE (1859-1930)

Conan Doyle é quase tão interessante quanto os personagens que criou. Além de escritor, era médico, botânico, marinheiro, aventureiro, arquiteto amador e político. Ele até estudou ocultismo e misticismo. E, em meio a tudo isso, ainda encontrou tempo para criar as muitas aventuras de Sherlock Holmes.

Conan Doyle também se aventurava nos esportes; foi boxeador e goleiro de futebol, e integrou uma equipe amadora de críquete junto a A.A. Milne e J.M. Barrie.

Depois que sua primeira esposa morreu de tuberculose, ele se casou com Jean Elizabeth Leckie, que se tornou o amor de sua vida. Quando ele morreu no seu jardim em decorrência de um ataque cardíaco aos 71 anos, suas últimas palavras foram para ela:

"Você é maravilhosa."

EUGENE O'NEILL (1888-1953)

Premiado com o Pulitzer, o dramaturgo de *The Iceman Cometh* e *Longa jornada noite adentro*, entre outras obras, Eugene O'Neill ficou conhecido como um dos grandes escritores realistas estadunidenses.

Os personagens dos seus livros sofrem frequentemente de pessimismo e desilusão e têm um fim trágico e desesperado, uma perspectiva sombria que também foi atribuída à própria vida de O'Neill, com alguma razão. Embora os seus trabalhos possam ter sido sombrios, a sua escrita era muitas vezes bonita. O'Neill era conhecido pela combinação de inteligência e introspecção, que é comprovada em muitas de suas citações mais conhecidas, como "A solidão do homem é apenas seu medo da vida", e "Obcecados por um conto de fadas, passamos nossas vidas em busca de uma porta mágica e um reino perdido de paz".

A sagacidade obscura de O'Neill estava à flor da pele quando ele faleceu em um quarto de hotel, em Boston, 65 anos depois de ter nascido em um hotel em Manhattan:

"Eu sabia! Eu sabia! Nasci em um quarto de hotel e, que droga, morro em um quarto de hotel."

ROD SERLING (1924-1975)

Serling é mais conhecido pela força criativa por trás de *Além da imaginação*. Ele criou, apresentou e produziu a série clássica de ficção científica, e escreveu impressionantes 92 episódios.

Enquanto o público do rádio e da televisão dos anos 1950 e 1960 o adoravam, o nome Serling enchia de medo os censores e produtores. Chamado de "o jovem furioso de Hollywood", ele passou sua carreira lutando contra a censura e discutindo temas de peso, como racismo, sexismo e guerra. Foi um forte crítico deste último após servir e ser condecorado na Segunda Guerra Mundial, recebendo as medalhas Coração Púrpuro e Estrela de Bronze.

Com apenas cinquenta anos, após anos fumando até quatro maços por dia, Serling sofreu uma série de ataques cardíacos no decorrer de algumas semanas. Fiel à sua prolífica carreira, ele não tinha uma, mas duas famosas últimas declarações. Suas palavras derradeiras foram:

"Isso é o que eu antecipo que a morte será: um vazio totalmente inconsciente no qual você flutua pela eternidade sem nenhuma consciência particular sobre nada".

Mais tarde, embora não pudesse falar, ele escreveu uma nota final a um amigo à sua cabeceira. Dizia ele:

"Não se pode matar este judeu durão."

APHRA BEHN (1640-1689)

Primeira inglesa a ganhar a vida como escritora, Behn era famosa por ser misteriosa. Ninguém sabe ao certo quem eram seus pais, de onde ela veio, ou se seu nome era mesmo Aphra Behn. Não porque a informação se perdeu no tempo, mas porque ela era mais discreta que uma espiã — o que faz sentido, porque ela, provavelmente, trabalhou de verdade como espiã para o Rei Carlos. O que sabemos é que Behn escreveu algumas peças fantásticas, 19 no total, assim como algumas das melhores poesias e prosas da época.

Virginia Woolf escreveu sobre Behn: "Todas as mulheres deveriam deixar flores sobre o túmulo de Aphra Behn, que está, escandalosamente, muito apropriadamente, na Abadia de Westminster, pois foi ela quem conquistou o direito de as mulheres falarem o que pensam".

Embora não possamos estar certos de suas últimas palavras, sabemos aquelas que estão inscritas na sua lápide:

"Aqui está uma Prova de que a Inteligência nunca foi um Defensor páreo para a Mortalidade."

VLADIMIR NABOKOV (1899-1977)

Sabe aqueles romances russos longos que apresentam inúmeras tragédias com vários personagens e muita coisa acontecendo? Essa era a vida real de Vladimir Nabokov. Sua família fugiu da Rússia durante a revolução, seu pai morreu pulando na frente de uma bala destinada a um colega político, sua irmã levou Ayn Rand para a política, seu irmão foi morto pelos nazistas, o próprio ensinou literatura à juíza da Suprema Corte dos Estados Unidos Ruth Bader Ginsburg e, no meio disso tudo, escreveu romances notáveis, histórias, poesia e peças em russo e inglês.

O maior de seus romances, *Lolita*, mais tarde foi transformado em filme de Stanley Kubrick. No entanto, sugere-se que o verdadeiro amor de Nabokov era a entomologia e, mais especificamente, a lepidopterologia — a sua coleção de genitais de borboletas azuis masculinas ainda pode ser encontrada no Museu de História Natural de Harvard.

Era esse amor pelas borboletas que estava, aparentemente, na mente de Nabokov quando ele morreu. Suas últimas palavras foram:

"Certa borboleta já está alçando voo."

MARK TWAIN (1835-1910)

Embora os relatos da morte de Twain, em 1897, possam ter sido muito exagerados, ele acabou morrendo quase quando previra: "Eu cheguei com o cometa Halley em 1835. Que vai voltar no próximo ano, e espero ir embora com ele. Será a maior decepção da minha vida se eu não for com o cometa Halley." O maior escritor americano morreu um dia após o regresso do cometa em 1910.

Por sorte, esta previsão não foi a única coisa portentosa que Mark Twain escreveu sobre a morte. Em um artigo sobre últimas palavras para o *Buffalo Express* em 1889, o autor escreveu: "Um homem distinto deve ser tão criterioso sobre suas últimas palavras quanto sobre seu último suspiro. Ele devia escrevê-los em um papel e deixar seus amigos julgarem." Mais tarde, no mesmo texto, ele acrescentou: "Dificilmente há um caso em que um homem chegou ao seu último momento despreparado e disse uma coisa boa, dificilmente um caso em que um homem confiou naquele último momento e não falhou solenemente e deixou este mundo sentindo-se absurdo."

As palavras derradeiras de Twain foram escritas em um pedaço de papel, mas, provavelmente, não foram tão distintas quanto ele esperava, embora seja quase certo que ele tivesse achado engraçado.

Ao morrer, muito cansado para falar, escreveu à sua filha, Clara, que estava à cabeceira:

"Dá-me os meus óculos".

WILLIAM SHAKESPEARE (1564-1616)

Infelizmente, não sabemos as últimas palavras do maior escritor do mundo, embora ele tenha escrito várias das últimas falas mais memoráveis já publicadas. Então, no lugar das suas próprias, vejamos algumas das grandes últimas linhas de personagens de algumas das obras mais amadas do bardo.

HAMLET

"O resto é silêncio."

JÚLIO CÉSAR

"*Et tu, Brute!* Então cai, César!"

MACBETH

"Deita-te, Macduff,
E maldito seja ele o primeiro a gritar: 'Espera, chega!'"

OTELO

"Eu te beijei antes de te matar: não há outra maneira senão esta;
Matando-me, para morrer em um Beijo."

REI RICARDO III

"Um cavalo! Um cavalo! O meu reino por um cavalo!"

CLEÓPATRA

"Por que devo ficar..."

MERCÚRIO

"Uma praga para ambas as vossas casas!
Eles fizeram de mim carne de vermes: eu tenho-o, e seguramente também: as vossas casas!"

ROMEU

"Ó sincero boticário!
Os teus medicamentos são rápidos. Assim, com um beijo, eu morro."

JULIETA

"Sim, barulho? Então serei breve. Ó adaga feliz!
Aqui és tua bainha, enferruje aí, e deixe-me morrer."

"E o meu pobre tolo está pendurado! Não, não, nada de vida!
Por que deveria um cão, um cavalo, um rato, ter vida,
E tu não tens fôlego nenhum? Não vens mais, nunca, nunca, nunca, nunca, nunca, nunca!
Reze, desfaça este botão: obrigado, senhor.
Estás a ver isto? Olhe para ela, olhe para os lábios dela, olhe ali, olha ali!"

Capítulo 3

Políticos e Líderes

Como diz a famosa declaração de John Donne: "A morte vem igualmente para todos nós e nos faz todos iguais quando chega." Seja você um príncipe ou um mendigo, mesmo aqueles que conseguem fugir dos impostos não podem escapar da morte. Para alguns de nós, este é um bom lembrete de que as pessoas gritando umas com as outras na TV não são tão especiais, mas, para quem está no comando, é um lembrete sombrio de que até os poderosos vão cair. E caem, sim.

A única parte em que Donne estava errado é que somos todos iguais quando a morte vem bater à porta. A diferença entre o Zé das Couves e um líder mundial é que ninguém está escrevendo o que o Zé diz antes de seu último suspiro. Para muitos grandes líderes, esta é a única vez em que as suas palavras não terão repercussões. A sua única oportunidade de deixar cair a fachada que precisam mostrar ao mundo e ser realmente quem são, quer queiram, quer não.

BENJAMIN FRANKLIN (1706-1790)

Franklin é provavelmente o fundador mais famoso que nunca foi presidente ou inspirou um musical da Broadway. Acadêmico, abolicionista, jornalista, editor, fundador de uma biblioteca, músico, chefe dos correios, mão de vaca, oceanógrafo, inventor, meteorologista, antropólogo, autor, embaixador e aficionado por perus, Franklin merece seu lugar na nota de cem dólares. Quando se trata de fundar os Estados Unidos, os Benjamins sabem o que fazem.

Enquanto Franklin escreveu muitas citações famosas que resistiram ao teste do tempo, tais como "Dormir cedo e acordar cedo fazem um homem saudável, rico e sábio" e "Ao falhar na preparação, você está se preparando para falhar", suas palavras finais não se infiltraram na consciência coletiva, mas, certamente, não são menos verdadeiras:

"Nada é fácil para homens moribundos."

SIR WINSTON CHURCHILL (1874-1965)

Um dos líderes mais memoráveis do mundo, o homem conhecido por comandar a Grã-Bretanha durante a Segunda Guerra Mundial, viveu muito em seus noventa anos de vida.

Além de sua vida bem documentada nos domínios político e militar, Churchill fez mais em seu tempo livre do que a maioria de nós em uma vida. Sofreu um acidente de avião, escapou de um campo de prisioneiros em Cuba, foi dono de uma grande coleção de animais e foi pintor amador e escritor prolífico e respeitado — tão respeitado que ganhou o Prêmio Nobel de Literatura em 1953.

Depois de passar a melhor parte de nove décadas na vanguarda da história, não é surpresa que Churchill tenha se esgotado no final. As suas últimas palavras vieram pouco antes de entrar em um coma do qual nunca mais acordaria:

"Estou aborrecido com tudo isso."

MARIA ANTONIETA (1755-1793)

Última rainha da França e notória entusiasta de brioches —embora não haja registro de que ela realmente tenha dito sua frase famosa —, Antonieta viveu uma vida extravagante. Você já viu o Palácio de Versalhes? Mas, no fim, ela foi içada com o seu próprio petardo de ouro incrustado com joias.

Embora seja preciso salientar que, apesar de todos os seus defeitos, até os detratores de Maria Antonieta concordaram que ela era uma boa mãe e que era corajosa e disposta a enfrentar a morte. Sua elegância pôde ser vista até o último momento. As suas últimas palavras foram ditas quando ela se dirigia para a guilhotina e pisou acidentalmente no pé do carrasco.

"*Pardonnez-moi, monsieur. Je ne l'ai pas fait exprès.*"

("Desculpe, senhor. Não o fiz de propósito.")

CHE GUEVARA (1928-1967)

Se você conhece o nome de algum revolucionário, provavelmente, é este. O caminho de Ernesto "Che" Guevara desde estudante de medicina idealista que escreveu *Os diários de motocicleta* até o revolucionário violento autor de *A guerra de guerrilhas* é fascinante. Quer você concorde ou não com sua política ou ideais, não há como negar o seu carisma e apelo duradouro como símbolo de revolução. Se não acredita em mim, olhe para as camisetas e cartazes em qualquer dormitório da faculdade.

Depois de ajudar Fidel Castro a chegar ao poder em Cuba, Guevara viajou pelo mundo ajudando outras revoluções semelhantes. Seu caminho terminou na Bolívia, onde foi capturado e executado. Mesmo nos momentos finais, seus pensamentos estavam com o impacto duradouro da revolução:

"Eu sei que vieste para me matar. Dispare, covarde! Só vai matar um homem!"

ALEXANDER HAMILTON (1755-1804)

Um dos pais fundadores dos Estados Unidos, presente na nota de dez dólares, sabia aproveitar as oportunidades.

O mundo nunca mais foi o mesmo depois que ele nos surpreendeu. Infelizmente, Hamilton falhou em falar menos e sorrir mais e morreu nas mãos de Aaron Burr, apesar de ter seguido os dez mandamentos do duelo.

Enquanto as últimas palavras de Hamilton no fantástico musical de Lin-Manuel Miranda são "Um brinde à liberdade", de acordo com aqueles que estavam no local de seu falecimento, a frase correta foi:

"Lembre-se, minha Eliza, você é cristã."

PEDRO, O GRANDE (1672-1725)

Pedro I tornou-se oficialmente czar da Rússia quando tinha dez anos. Nos quarenta anos seguintes, ele expandiu o Império Russo, liderou uma revolução cultural inspirada pelo Iluminismo e foi pai de 14 filhos.

Apenas três dos seus descendentes viveram mais do que ele, e um deles apenas por alguns meses. Para complicar a questão da sucessão, nenhum dos seus herdeiros sobreviventes era homem. Então, quando, em seu leito de morte, ele começou a escrever sua vontade final e testamento, deve ter sido de grande interesse para todos na sala. Infelizmente, tudo o que ele conseguiu escrever foi:

"Deixar tudo para..."

THOMAS DE MAHY, MARQUÊS DE FAVRAS (1744-1790)

O marquês de Favras era um soldado e um monarquista que estava envolvido em uma trama para salvar o rei Luís XVI e acabar com a Revolução Francesa.

Infelizmente, para Favras, ele confiou o seu plano às pessoas erradas e, após um julgamento questionável, foi condenado à morte por enforcamento.

Embora tudo isso seja digno de nota, ele deixou a sua marca com uma das últimas palavras mais sarcásticas já proferidas. Depois de ler a sua sentença de morte, Favras afirmou friamente:

"Vejo que cometeste três erros ortográficos."

MARGARET SANGER (1879-1966)

Os incansáveis esforços de Sanger abriram caminho para a legalização de contraceptivos e o Planned Parenthood, plano de planejamento familiar nos Estados Unidos. Ela era uma educadora sexual em um momento em que o assunto podia levar à cadeia. Margaret abriu a primeira clínica de controle de natalidade em seu país em 1916, e passou grande parte de sua vida comunicando-se com o público em todos os Estados Unidos, assim como no Japão, na China e na Coréia.

Apesar de uma vida de luta contra o sistema, parece que Sanger foi capaz de manter o senso de humor até o fim. As suas últimas palavras, antes de finalmente sucumbir à insuficiência cardíaca congestiva, aos 86 anos, foram:

"Uma festa! Vamos dar uma festa."

KARL MARX (1818-1883)

Karl Marx nasceu na Prússia e morreu em Londres, e cultivou uma barba incrível nesse meio tempo. Tornou-se o pai do comunismo e da ciência social moderna e um dos pensadores mais influentes dos últimos cem anos.

Entre seus panfletos, ensaios, artigos e outros escritos, incluindo O m*anifesto comunista* e *O capital*, Marx disse muito em seus 64 anos. Sua produção foi de fato tão prodigiosa que, quando perguntado em seu leito de morte se tinha alguma última palavra, ele respondeu:

"Vá lá, saiam daqui! Últimas palavras são para os tolos que ainda não disseram o suficiente."

SIR WALTER RALEIGH (1552-1618)

Não há muita gente com a coragem de sir Walter Raleigh, que passou a vida explorando e aventurando-se em nome da rainha da Inglaterra e do seu país. Suas expedições mais famosas incluem a ilha de Roanoke, a Venezuela e uma expedição para encontrar a cidade de El Dorado. Ele também lutou contra a Armada Espanhola e foi acusado de conspirar contra James I. Esta última parte o levou à Torre de Londres, onde ele se voltou para a escrita.

Apesar de Raleigh ter sido perdoado, um conjunto de circunstâncias infeliz forçou o rei James I a restabelecer sua sentença de morte a mando de um embaixador espanhol furioso. No final, Raleigh mostrou fidelidade ao seu rei, recusando-se a escapar da sua sentença e dizendo ao seu carrasco: "Vamos despachar. A esta hora, a febre me toma. Não quero que meus inimigos pensem que eu tremia de medo." Essa determinação durou até ao fim, quando Raleigh gritou:

"Golpeie, senhor, golpeie!"

ELEANOR ROOSEVELT (1884-1962)

Como esposa do presidente Franklin D. Roosevelt e primeira-dama de 1933 até o fim da Segunda Guerra Mundial, em 1945, Roosevelt foi incrivelmente inteligente e apreciada por quase todos à sua volta. Harry S. Truman uma vez, inclusive, referiu-se a ela como "primeira-dama do mundo".

Eleanor era falante, incrivelmente engraçada e rápida como um chicote. Foi ativista no movimento de direitos civis, no esforço de guerra e em mais organizações e esforços diplomáticos do que os que podem ser listados aqui.

Morreu aos 78 anos, após uma série de eventos que começaram com ela atropelada por um carro e terminaram com uma parada cardíaca causada pela tuberculose. Enquanto estava no leito de morte, uma enfermeira lhe disse que ela morreria assim que a razão pela qual Deus a tivesse colocado na Terra se cumprisse. A resposta dela:

"Disparate total."

RAINHA VITÓRIA (1819-1901)

Vitória reinou durante 73 anos. A era Vitoriana assistiu a enormes mudanças no Reino Unido, uma explosão de descobertas científicas e grandes mudanças nos domínios da religião, indústria, política, economia e migração.

Ela era apaixonada pelo marido, o príncipe Alberto. O casal se conheceu em 1836 e se correspondeu por cartas até o segundo encontro, em 1838. Foi então, aparentemente, que Vitória se apaixonou perdidamente. E o pediu em casamento cinco dias depois. Ela escreveria em seu diário sobre a ocasião:

"Eu disse-lhe que achava que ele devia estar ciente do porquê de eu desejar que ele viesse aqui, e que me faria feliz demais se consentisse no que eu desejava (casar comigo); nós nos abraçamos uma e outra vez, e ele foi tão gentil, tão afetuoso. Ah! Sentir que eu era, e sou, amada por um anjo como Albert."

Quando ele morreu em 1861, Vitória caiu em uma depressão profunda. Seu amado marido permaneceu em primeiro lugar em seus pensamentos quando ela morreu quarenta anos depois. Sua última palavra:

"Bertie."

O IMPÉRIO ROMANO

As palavras finais dos líderes de Roma são notoriamente apócrifas. Algumas foram criadas para efeitos dramáticos, outras, alteradas pelo curso da História. Umas foram simplesmente inventadas.

JÚLIO CÉSAR (100 AC-44 AC)

As últimas palavras que todos conhecemos da peça de Shakespeare não têm base histórica. Infelizmente, a verdade é muito mais triste do que a ficção. Em vez de dizer o famoso "*Et tu*, Brutus", acredita-se que o verdadeiro César primeiro pediu ajuda e depois, em um ato de submissão, puxou sua toga sobre a cabeça e deixou Brutus liquidá-lo.

AUGUSTO (63 AC-14 AC)

O primeiro imperador do Império Romano tem três conjuntos de últimas palavras atribuídas a ele, embora possa haver uma explicação para isso. As derradeiras em público foram: "Eis que encontrei a Roma de barro, e deixo para vós a de mármore." As famosas em privado foram: "Será que desempenhei bem o papel? Então aplaudam quando eu sair." Mas, aparentemente, as suas palavras finais foram para a sua esposa e foram algo do tipo:

"Viva ciente de nosso casamento, Lívia, e adeus."

CLÁUDIO (10 AC-54 DC)

Os relatos da sua morte são notoriamente confusos. Ele pode ou não ter sido envenenado, e esse envenenamento pode ou não ter vindo das mãos de sua esposa Agripina, e ele pode ter morrido rápida ou lentamente, ou se recuperou completamente, só para ser envenenado novamente. Em algum lugar, no meio de tudo isso, estão as infelizes últimas palavras que podem ou não estar relacionadas a uma determinada função corporal, que pode ter sido agravada pelo possível envenenamento:

"Ah, querida, eu fiz uma confusão."

NERO (37 DC-68 DC)

Tal como a história de Nero tocando violino enquanto Roma ardia à sua volta, as últimas palavras do imperador parecem um pouco perfeitas demais para serem verdadeiras: "Que artista morre comigo!"

ADRIANO (76 DC-138 DC)

De todos os imperadores de Roma, parece que Adriano era o mais bem preparado para a morte. Conhecido como um poeta, no seu leito de morte, compôs um pequeno poema de cinco linhas. Infelizmente, para Adriano, mesmo os seus planos mais bem elaborados correram mal, já que não parece existir dois poetas capazes de concordar com uma tradução correta do poema, embora a maioria das traduções tendem a fazer algo assim:

"Almazinha, sua charmosa andarilha,
hóspede e parceira do meu corpo,
Para onde vais agora?
Para algum lugar sem cor, selvagem e nu;
Para nunca mais partilhar uma piada."

PRESIDENTES AMERICANOS

Amá-los ou odiá-los, os presidentes dos Estados Unidos da América são algo como estrelas do rock da política nos últimos séculos. Isso não quer dizer que todos foram memoráveis, para cada Abraham Lincoln ou Theodore Roosevelt há um John Tyler ou Benjamin Harrison, mas até mesmo estes eram estranhos o suficiente para serem interessantes.

Além de ter algumas peculiaridades interessantes, os presidentes americanos também têm um histórico notável de ter suas últimas palavras guardadas para a posteridade. Algumas são de coração aberto (Taylor), outras, tristes (Tyler), enquanto muitos são lembretes de que, no final, somos todos notavelmente iguais — alguns de nós apenas morrem em uma mansão branca gigante e têm um monte de ruas e escolas com o nosso nome.

A favor da brevidade, já que tantos presidentes tiveram suas últimas palavras registradas, aqui está uma lista de um fato interessante sobre cada um dos primeiros 37 presidentes, junto com suas palavras finais.

GEORGE WASHINGTON (1732-1799)

Aquele que era secretamente um gengibre.

As últimas palavras: "Está bem."

JOHN ADAMS (1735-1826)

Aquele que achava que o presidente deveria ser referido como "Sua Majestade."

As últimas palavras: "Thomas Jefferson sobrevive."

(Jefferson, na verdade, morrera algumas horas antes.)

THOMAS JEFFERSON (1743-1826)

Aquele que inventou a cadeira giratória.

As últimas palavras: "Não, doutor, nada mais."

JAMES MADISON (1751-1836)

Aquele que teve a Casa Branca incendiada durante uma guerra com o Canadá.

As últimas palavras: “Eu falo melhor deitado.”

JAMES MONROE (1758-1831)

Aquele que foi o terceiro presidente a morrer no dia 4 de julho.

As últimas palavras: “Lamento ter de deixar este mundo sem voltar a vê-lo.”

(A pessoa em questão era o seu amigo próximo James Madison).

JOHN QUINCY ADAMS (1767-1848)

Aquele que começava todos os seus dias com um mergulho nu no Potomac, às cinco horas da manhã.

As últimas palavras: "Este é o último na terra. Estou contente."

ANDREW JACKSON (1767-1845)

Aquele que esteve envolvido em mais de uma centena de duelos.

As últimas palavras: "Espero encontrar cada um de vocês no céu. Sejam boas, crianças, todas vocês, e se esforcem para estar prontas quando a mudança chegar".

MARTIN VAN BUREN (1782-1862)

Aquele que, mais ou menos, inventou a palavra "Ok".

As últimas palavras: "Existe apenas uma confiança."

WILLIAM HENRY HARRISON (1773-1841)

Aquele que não quis usar casaco na sua posse, apanhou um resfriado e morreu 33 dias depois.

As últimas palavras: "Desejo que compreenda os verdadeiros princípios do governo. Desejo que sejam realizados. Eu não peço mais nada."

(Foi um conselho para o vice-presidente, John Tyler. Infelizmente, Harrison estava delirando, e Tyler não estava na sala, nem no estado).

JOHN TYLER (1790-1862)

Aquele que foi pai de quinze filhos.

As últimas palavras: "Doutor, eu vou... Talvez seja melhor."

JAMES K. POLK (1795-1849)

Aquele que baniu a música e a dança da Casa Branca.

As últimas palavras: "Eu te amo, Sarah. Por toda a eternidade, eu te amo."

ZACHARY TAYLOR (1784-1850)

Aquele apelidado de "velho bronco" por suas roupas e sua vontade de lutar.

As últimas palavras: "Não me arrependo de nada, mas peço desculpa por deixar os meus amigos."

MILLARD FILLMORE (1800-1874)

Aquele que se casou com a professora dele.

As últimas palavras: "O alimento é palatável."

(Em referência a uma tigela de sopa).

FRANKLIN PIERCE (1804-1869)

Aquele que foi preso por atropelar uma velhota com um cavalo.
As últimas palavras: desconhecidas.

JAMES BUCHANAN (1791-1868)

Aquele que não se casou, cuja sobrinha agiu como primeira-dama.
As últimas palavras: "Ah, senhor, Deus todo-poderoso, como Tu quiseres!"

ABRAHAM LINCOLN (1809-1865)

Aquele que tinha um recorde de luta livre de 299-1.

As últimas palavras: "Ela não vai pensar nada sobre isso."

(Em resposta à pergunta de Mary Todd: "O que a Srta. Harris pensará sobre eu me agarrar a você assim?" depois de ele ter lhe segurado na mão).

ANDREW JOHNSON (1808-1875)

Aquele que escapou depois de ter sido vendido quando criança a um alfaiate como aprendiz.

As últimas palavras: "Ah, não chorem. Sejam bons filhos e nos encontraremos no céu".

ULYSSES S. GRANT (1822-1885)

Aquele cuja inicial do meio veio de uma loja de West Point e ficou com ele.

Última palavra: "Água."

RUTHERFORD B. HAYES (1822-1893)

Aquele cuja esposa foi a primeira primeira-dama a ter um diploma universitário.

As últimas palavras: "Eu sei que vou para onde a Lucy está."

JAMES A. GARFIELD (1831-1881)

O ambidestro que podia escrever grego com uma mão e latim com a outra, ao mesmo tempo.

As últimas palavras: "Ah, Swaim, não pode parar com isto?"

(Disse ao seu médico, que tentava manter Garfield vivo após um ferimento de bala).

CHESTER A. ARTHUR (1829-1886)

Aquele com as costeletas incríveis.

Quase últimas palavras: "A vida não vale a pena viver."

(Suas últimas palavras são desconhecidas, mas estas foram quase as últimas).

GROVER CLEVELAND (1837-1908)

Aquele que, aos 27 anos, comprou à sua futura esposa o seu primeiro carrinho de neném — ela era um bebê na época.

As últimas palavras: "Esforcei-me tanto para fazer o certo."

BENJAMIN HARRISON (1833-1901)

Aquele que morria de medo da eletricidade.

As últimas palavras: "Os médicos estão aqui? Doutor, os meus pulmões..."

WILLIAM MCKINLEY (1843-1901)

Aquele que tirou tudo amarelo da Casa Branca, porque a sua mulher odiava amarelo.

As últimas palavras: "Estamos todos indo. Estamos todos indo. Estamos todos indo."

(Em resposta à sua esposa que, vendo-o morrer ferido por um tiro, disse: "Eu também quero ir. Eu também quero ir."

THEODORE ROOSEVELT (1858-1919)

Aquele que foi baleado no peito antes de um discurso, mas foi para o palco de qualquer maneira, dizendo: "É preciso mais do que isso para matar um alce."

As últimas palavras: "Apague a luz."

(Disse a um empregado antes de ir para a cama).

WILLIAM HOWARD TAFT (1857-1930)

Aquele que ficou preso em uma banheira.

As últimas palavras: desconhecidas.

WOODROW WILSON (1856-1924)

Aquele que tinha ovelhas que pastavam no gramado da Casa Branca.

As últimas palavras: “Eu sou uma peça de maquinaria quebrada. Quando a máquina pifar, estou pronto.”

WARREN G. HARDING (1865-1923)

Aquele que pode ter traído a mulher em um armário da Casa Branca.

As últimas palavras: "Isso é bom. Continue, leia mais um pouco."

(Disse à sua mulher, que lia um artigo sobre ele).

CALVIN COOLIDGE (1872-1933)

Aquele que tinha um hipopótamo pigmeu chamado Billy.

As últimas palavras: "Bom dia, Robert."

(Dito a um carpinteiro pouco antes de Coolidge cair morto devido a uma trombose coronária).

HERBERT HOOVER (1874-1964)

Aquele que tinha dois jacarés de estimação.

As últimas palavras: desconhecidas.

FRANKLIN D. ROOSEVELT (1882-1945)

Aquele que tinha uma linha de trem secreta para levá-lo da Grand Central para o porão do Waldorf Astoria Hotel.

As últimas palavras: "Eu tenho uma dor de cabeça tremenda."

HARRY S. TRUMAN (1884-1972)

Aquela cuja inicial do meio não representa nada.
As últimas palavras: desconhecidas.

DWIGHT D. EISENHOWER (1890-1969)

Aquele que pintou mais de 250 quadros.
As últimas palavras: “Eu quero ir. Deus me leve.”

JOHN F. KENNEDY (1917-1963)

Aquele que salvou a tripulação do naufrágio ao escrever uma mensagem em um coco.

As últimas palavras: "Não, certamente não posso."

(Em resposta a Nellie Connally, que disse: "Você não pode dizer que Dallas não te ama.")

LYNDON B. JOHNSON (1908-1973)

Aquele que tinha uma fonte de refrigerante na Sala Oval.

As últimas palavras: "Mande o Mike imediatamente."

RICHARD NIXON (1913-1994)

Aquele que mandou construir uma pista de boliche no porão da Casa Branca.

A sua última palavra foi: "Ajude-me."

CAPÍTULO 4

Atletas

Os atletas vivem intensamente. É uma profissão construída em torno de momentos brilhantes e breves. Há poucos outros trabalhos em que se está no topo da colina aos quarenta anos. Os melhores dos melhores ficam cerca de duas décadas no pico, mas a maioria fica muito, muito menos.

No entanto, pode-se dizer que os grandes vivem para sempre. Babe Ruth rebatendo centenas de bolas por temporada, Wilt Chamberlain marcando cem pontos em um único jogo, Maradona dando um chute para o fundo da rede, a voz do grande Lou Gehrig ecoando através dos alto-falantes no Yankee Stadium — esses são momentos que resistirão ao tempo. Como os jornalistas esportivos adoram dizer, estes atletas estão imortalizados.

No entanto, de forma menos metafórica, até os grandes morrem, de fato. Mesmo que tenham chocolates com seu nome, estátuas de bronze e camisas aposentadas no teto de uma arena, ainda assim eles morrem. Na verdade, eles não só morrem, como muitas vezes se vão com os joelhos ruins. O já mencionado Babe Ruth é um grande exemplo de alguém que costumava ser atleta, mas que agora está morto. Alguns podem dizer que o Yankees de 1927 foi a maior equipe de beisebol de todos os tempos, mas nem o matador de dentro do campo consegue superar o maior matador de todos.

Como disse Yogi Berra: "Não acaba até acabar." Para os atletas listados a seguir, de fato, acabou.

YOGI BERRA (1925-2015)

Ninguém foi tão citado quanto Yogi Berra. O apanhador do New York Yankees nunca conheceu uma frase que não conseguisse dominar. "Quando chegar a uma bifurcação na estrada, siga em frente." "Um níquel já não vale um centavo." "É como um *déjà vu* de novo." "O futuro já não é o que era." A vida de Berra foi um amostra de força de boas tiradas. Portanto, é particularmente lamentável que as suas últimas palavras não tenham sido guardadas para a posteridade — embora, nos seus últimos anos, Yogi nos tenha deixado com este pensamento particularmente perspicaz sobre a morte:

"Vá sempre aos funerais dos outros, senão não irão no seu."

PETE MARAVICH (1947-1988)

Pete "Pistola" foi um dos grandes do basquete desde o início. Maravich detém o recorde de mais pontos marcados na liga universitária, com 3.667 para LSU. Esse recorde é ainda mais surpreendente quando se leva em conta que ele o conseguiu em apenas três anos e antes da introdução dos 24 segundos de posse de bola.

Quando Pete chegou às grandes ligas, a lenda só cresceu, com cinco participações no jogo das estrelas e um título de cestinha da NBA.

Infelizmente, a carreira do Maravich foi interrompida devido a lesões. Mais triste ainda, ele tinha um defeito no coração, cujos sintomas haviam permanecido adormecidos até o momento de sua morte. As suas últimas palavras foram ditas durante um jogo recreativo, poucos segundos antes do seu súbito ataque cardíaco:

"Sinto-me ótimo. Sinto-me ótimo."

"ROWDY" RODDY PIPER (1954-2015)

Piper estava no topo da lista dos lutadores que todos amavam odiar, e ele estava feliz assim. O canadense, que era anunciado como sendo de Glasgow, na Escócia, tinha uma mão direita rápida e uma sagacidade ainda mais veloz. Foi o principal inimigo de Hulk Hogan no WrestleMania original e é um dos mais famosos vilões da história da luta livre.

Ninguém era melhor em publicidade do que o Piper: em um momento estava calmo e impassível, no outro, ria maniacamente, estourando em uma fúria selvagem, e depois voltava a se acalmar em um instante. Ele poderia levar uma multidão à beira do tumulto em uma cidade e, na noite seguinte, fazer todos os 20 mil fãs cantarem o seu nome. Mesmo mais no fim de sua carreira, como um anti-herói, Piper nunca perdeu o seu famoso temperamento ou a sua sagacidade cáustica.

Piper também seguiria uma carreira de ator, cujo ponto alto foi o papel principal no clássico de John Carpenter, *Eles Vivem,* de 1988. Embora não saibamos as últimas palavras do Rowdy One, seu último tweet não poderia ser mais adequado:

"VOCÊ ESCOLHEU O CARA ERRADO PARA INTIMIDAR!"

JOE DIMAGGIO (1914-1999)

O jogador do Yankee Clipper foi um dos maiores do beisebol. Joe era o coração e a alma de um dos melhores times do Yankees de todos os tempos. Ele era um rebatedor implacável, além de ter um braço poderoso na defesa e um amor imensurável pelo jogo. Ele possuía o tipo de sorriso caloroso e a atitude pé no chão que o tornava o exemplo do "gente como a gente". No campo, ele podia realizar todos os seus sonhos, mas, infelizmente, o mesmo não acontecia com a sua vida amorosa fora do estádio.

Quando se tratava de competir pelo amor de Marilyn Monroe, Joe não se limitava a enfrentar tipos que conseguiam balançar o taco e correr pelas bases, enfrentava um dos maiores dramaturgos de todos os tempos e um dos presidentes mais amados dos Estados Unidos. Monroe trocou Joe por Arthur Miller, em 1955, e rumores sugerem que ela se apaixonou por JFK depois disso. DiMaggio nunca mais se casou, e nunca superou o seu único e verdadeiro amor. As suas últimas palavras:

"Finalmente vou poder ver a Marilyn."

MOE BERG (1902-1972)

Berg era conhecido como o "cara mais inteligente do beisebol". Apesar de nunca ter feito sucesso nas grandes ligas, ele era muito popular e jogou, durante mais de quinze anos, entre cinco equipes, na sua maioria como catcher reserva.

Durante a Segunda Guerra Mundial, Berg fez jus a sua fama de inteligente ao se tornar espião do governo americano, e trabalhou disfarçado na Iugoslávia e na Itália, onde se infiltrou em um grupo de físicos para aprender sobre os projetos nucleares nazistas.

Mesmo depois de uma vida de espionagem e intriga, Berg nunca deixou de amar o beisebol. As suas últimas palavras:

"Como é que os Mets se saíram hoje?"

WALTER PAYTON (1954-1999)

É difícil encontrar um jogador de futebol americano mais amado por seus pares do que Walter Payton. Além de ter sido herói em campo — jogou nove Pro-Bowls, um Super Bowl —, foi ótimo fora do campo.

Seu lema era "Nunca morra fácil", e ele não morreu. Quando Payton soube que tinha uma doença hepática rara, já tinha passado a sua janela para um transplante, mas isso não o impediu de usar os seus últimos meses para, incansavelmente, dar à questão de transplantes de órgãos a exposição nacional de que o assunto precisava.

Nos seus últimos dias, o autor Don Yeager perguntou se ele tinha vontade de gritar com Deus. Payton respondeu:

"Está falando sério? Algo de bom vai sair disto. Só não descobri ainda o que é".

ROBERTO CLEMENTE (1934-1972)

Primeiro jogador latino-americano a figurar no Hall da Fama do Beisebol, Clemente foi um herói até o fim. Terminou sua carreira profissional com exatamente 3.000 rebatidas e 240 *home runs*.

Sua carreira foi encurtada quando, em 1972, a Nicarágua foi atingida por um grande terremoto. Clemente, famoso por seu compromisso com a caridade, organizou esforços de ajuda e, após ouvir que os primeiros aviões não chegaram ao seu destino, decidiu embarcar na aeronave seguinte e entregar ele mesmo os pacotes de ajuda. Infelizmente, seu avião caiu no mar e sumiu. As suas últimas palavras foram:

"Se houver mais um atraso, vamos deixar isso para amanhã."

MICKEY MANTLE (1931-1995)

Um dos grandes dos Yankees de todos os tempos, Mantle, teve uma relação complicada tanto com os fãs quanto com seus amigos. "O Mick" era conhecido por ser um cliente grosseiro que teve problemas com a bebida, que o perseguiram durante a maior parte da sua vida. Os seus dias finais foram um reflexo das suas últimas tentativas de se livrar de seus demônios. Deitado em uma cama de hospital, no fim de uma luta longa contra o câncer, três dos seus antigos companheiros de equipe foram visitá-lo. As últimas palavras que Mantle disse foram para eles:

"Vocês não estão indo embora, estão?"

Pouco tempo depois, ele ficou inconsciente, e seus filhos e sua ex-mulher, Merlyn (que era o amor da vida de Mickey e a única pessoa que ele realmente ouvia), vieram para a sua cabeceira. Sua última visão foi dela. Enquanto Merlyn apertava sua mão, ele abriu os olhos por um momento antes de fechá-los novamente, e para sempre.

BABE RUTH (1895-1948)

Em todos os esportes, há poucas figuras tão grandes como Babe. Os 714 *home runs* de sua carreira estão atrás apenas de Hank Aaron — considerando apenas os jogadores que nunca usaram substâncias proibidas. O bambino foi um rebatedor tão incrível que as pessoas esquecem que ele teve duas temporadas com 23 vitórias como arremessador, e venceu três World Series com o maior rival dos Yankees, o Red Sox. Esses foram os famosos últimos títulos do time de Boston por quase um século, devido à Maldição do Bambino, colocada na equipe quando Babe foi vendido.

Mas é dentro do campo que todos nos lembramos melhor do Sultão da Swat. Durante quase quinze anos, ele *foi* o beisebol. Ele era mítico — a jogada cantada, o *home run* para Johnny Sylvester, a barra de chocolate, os muitos, muitos, muitos contos noturnos.

Infelizmente, o grande Yankee foi abatido depois de uma luta longa contra o câncer, que o deixou apenas com uma sombra da figura impressionante que havia sido. No seu último dia, Babe ainda estava de pé em seu quarto. Quando um médico lhe perguntou para onde ele ia, Babe respondeu:

"Estou atravessando o vale."

VINCE LOMBARDI (1913-1970)

Apesar de ser um equívoco comum, o Super Bowl não é o nome do troféu, mas sim, da partida. O troféu entregue no Super Bowl é, na verdade, o Lombardi, em homenagem a um dos maiores treinadores de todos os tempos.

Vince Lombardi treinou o Green Bay Packers de 1959 a 1967, vencendo o prêmio de Treinador do Ano da NFL em sua primeira temporada, um título de conferência em sua segunda e um Super Bowl em sua terceira. Suas equipes ganhariam um total de cinco Super Bowls em sete anos. Ele também ficou conhecido como um grande defensor dos direitos civis, levando os Packers a serem a primeira equipe interracial da NFL.

Como muitas figuras marcantes do mundo do esporte, Lombardi não era um homem fácil de se conviver — ainda que digam que ele encontrou seu par perfeito em Marie Planitz, cuja inteligência rápida e caráter forte estavam mais do que à altura da tarefa. Quando ele morreu em decorrência do câncer, em 1970, suas palavras derradeiras foram para ela:

"Feliz aniversário de casamento. Eu te amo."

Capítulo 5

Últimas Palavras em Filmes

Na vida real, nós só temos uma chance de dizer nossas últimas palavras, e, honestamente, a maioria de nós está preocupada demais com a morte para aproveitar o momento. Mas não seria ótimo se tivéssemos vários *takes*, uma equipe de escritores e um diretor?

Vamos fazer uma pausa nas cenas de vida e morte reais e olhar para algumas das mais memoráveis últimas palavras já capturadas no cinema. E, no verdadeiro estilo do *show business*, vamos fazê-lo em uma contagem decrescente clássica: "os dez mais".

Aviso de *spoiler*: Esta seção contém as palavras derradeiras de personagens de filmes famosos, o que significa que eles morrem. Provavelmente, você já sabe que todos eles morrem, porque todos esses trabalhos são clássicos, e você já os viu ou ouviu referências suficientes para se sentir como se os tivesse visto. Mas — sejamos honestos — se você ainda não viu *Star Wars*, *O Senhor dos Anéis* ou *O Exterminador do Futuro 2*, você já perdeu a chance de reclamar sobre *spoilers*, a menos que seja menor de 12 anos e, nesse caso, por que você estaria lendo sobre morte e últimas palavras? Procure um livro da série Harry Potter ou, melhor ainda, assista a *Star Wars*. Não se preocupe, ninguém morre nele, então você pode se sentir livre para se apegar a todos os personagens, especialmente, qualquer velho bondoso que vive no deserto.

10. *ROCKY IV* (1985)

Se você tem 13 anos, está dormindo na casa de um amiguinho e quer assistir a um filme do Rocky, este deve ser o escolhido. Ele estabelece um recorde imbatível de montagens por minuto, além de ter um dos robôs falantes mais estranhos da história do cinema.

Este é aquele em que Rocky acaba com a Guerra Fria levando muitos murros. Vem logo depois daquele em que Rocky e Apollo se tornam melhores amigos e saltam juntos no mar, em câmera lenta.

Em *Rocky III*, Apollo termina o filme com uma última luta — de brincadeira contra Rocky —, depois dos combates históricos e sanguinários em *Rocky I* e *Rocky II*. Por isso, não é surpreendente que *Rocky IV* comece com Apollo em sua última, última, última luta. A batalha começa com uma entrada ao som de James Brown, e termina com a morte do personagem que passamos quatro filmes aprendendo a amar. Infelizmente, como todo filme com um policial em seu último dia antes da aposentadoria, Apollo não vê a mão do destino alcançá-lo e, apesar de estar sendo massacrado pelo orgulho da URSS, ele diz a Rocky para não jogar a toalha. A frase que se segue é um prenúncio da tristeza.

As últimas palavras de Apollo:

"Estou aqui para lutar. Preciso que você me prometa. Você não vai parar esta luta!"

9. *TITANIC* (1997)

Uma regra inteligente na vida: se alguém disser que um carro é inquebrável, que uma fortaleza é impenetrável ou que um barco é inafundável, não se aproxime. A probabilidade de que algo ocorra é de cem por cento.

Este foi, claro, o caso do Titanic, e, infelizmente, Jack, Rose e Cal não seguiram o conselho acima. Pior ainda para Jack, ele se apaixonou por uma mulher que precisava de uma porta flutuante inteira só para ela.

Brincadeira à parte, quem não chorou enquanto DiCaprio afundava lentamente nas águas geladas do Atlântico?

As últimas palavras de Jack:

"Prometa, Rose. E nunca quebre esta promessa."

8. *SCARFACE* (1983)

Filme favorito de gângsteres em todo o planeta, *Scarface* se tornou uma espécie de fenômeno cultural — o que é um feito incrível, considerando que tem uma montagem de três minutos de duração ao som de "Push It To The Limit", onde Tony se casa, ajuda sua esposa a encontrar um novo vestido e mostra um tigre aos amigos. Dito isto, o filme tem uma alta contagem de corpos e aproximadamente 182 f* (que aparentemente é a razão para o número no nome da banda Blink-182).

O Tony Montana de Al Pacino é um dos personagens mais memoráveis da história do cinema. Pelo menos, uma em cada três pessoas com mais de trinta anos sabe imitá-lo, e um quarto dessas o fazem bem. Quase tudo o que o Tony diz é digno de ser citado. Quem entre nós não foi culpado de usar o "Diga 'oi' ao meu amiguinho" em algum momento da vida? Com suas últimas palavras ocorre a mesma coisa, pois ele está de pé e zomba dos seus assassinos mesmo quando está sendo alvejado por uma rajada de balas:

"Vá em frente! Eu aguento as suas balas de m*! Acha que me mata com balas? Eu aguento as suas balas de m*! Vá em frente!"

7. *CORAÇÃO VALENTE* (1995)

O famoso filme de Mel Gibson, livremente inspirado na história de William Wallace, não está isento de falhas. Na verdade, está cheio delas.

Em vez de listar todas as imprecisões, vamos apenas dizer que se *Coração Valente* fosse um trabalho para uma aula de História, seria difícil ser aprovado.

No entanto, o filme tem muitas pinturas faciais, golpes de espada, rebeliões de oprimidos e outras coisas pelas quais as pessoas vão ao cinema. Tudo isso foi o suficiente para garantir ao filme cinco surpreendentes estatuetas no Oscar.

Para o bem ou para o mal, a produção tem o próprio Gibson, com sotaque escocês mambembe, gritando uma infinidade de falas memoráveis, embora nenhuma seja mais citada do que o seu último grito rebelde, pouco antes da sua morte dolorosa:

"Liberdadeeeeeeee!"

6. *BUTCH CASSIDY* (1969)

Há poucas duplas na história de faroeste que sejam mais divertidas do que Butch Cassidy e Sundance Kid. A amizade real de Paul Newman e Robert Redford é evidente na tela, e torna-se uma delícia assisti-los. Eram olhos azuis demais e impassibilidade suave para um filme só.

Embora fosse divertido ver os dois atores realizando qualquer coisa, é um prazer absoluto vê-los em um filme bom, livremente baseado em dois dos maiores foras da lei do Velho Oeste, fugindo do homem da lei Joe Lefors. A história vai de assaltos a comboios a fugas e saltos em penhascos, além daquele que, talvez, seja o melhor final com cena congelada de todos os tempos. Como Butch e Sundance estão encurralados, sem esperança de escapar, eles conseguem fazer uma última piada antes de saírem em direção aos tiros:

Butch: "Espere aí, você não viu o Lefors lá fora, viu?"

Sundance: "Lefors? Não, por quê?"

Butch: "Ah, que bom. Por um momento, pensei que estávamos ferrados."

5. *STAR WARS: EPISÓDIO IV – UMA NOVA ESPERANÇA* (1977)

Não há série no cinema mais amada do que *Star Wars*.

Você se lembra da primeira vez em que viu um deles? A abertura épica, a música incrível de Darth Vader, Luke de pé na colina olhando para o pôr do sol duplo, Porkins vibrando como um louco antes de explodir. Incrível. E nenhuma cena extra com Jabba tendo sua cauda pisada ou Greedo atirando primeiro pode mudar isso.

Mesmo no centro de toda aquela frieza épica está um velho incrivelmente arrepiante. Sempre que Obi-Wan fala, nós ouvimos. Ele não precisa levantar a voz ou ficar exaltado (a menos que esteja perseguindo os Tusken Raiders). O velho Ben é tão tranquilo que pode muito bem estar dormindo. Você se lembra de quando ele cortou o braço daquele homem na cantina, e depois pediu uma bebida como se nada tivesse acontecido? Não foi demais?

Quando finalmente chegamos ao grande confronto de Obi-Wan com o único homem no universo que pode ser capaz de irritá-lo, ele não só não se irrita, como consegue ficar ainda mais tranquilo. Ao ponto de desaparecer e se tornar um fantasma da força.

As últimas palavras de Obi-Wan como um não fantasma da força:

"Você não pode ganhar, Darth. Se me derrotar, me tornarei mais poderoso do que você pode imaginar."

4. *O SENHOR DOS ANÉIS: A SOCIEDADE DO ANEL* (2001)

Há um meme na internet sobre como Sean Bean morre em tudo em que ele participa. Mas, na verdade, as únicas vezes em que ele morreu foram em *Caravaggio, War Requiem, Terra da Discórdia, A Força de Uma Paixão, Tell Me That You Love Me, Scarlett, Clarissa, Jogos Patrióticos, 007 Contra Goldeneye, Refém do Silêncio, Henry VIII, A Ilha, Far North, Morte Negra, Game of Thrones, Airborne, Red Riding, Essex Boys, Equilibrium, Cash, A Morte Pede Carona, Os Fora da Lei, Corrida Mortal 2, Comando de Elite*, e *O Senhor dos Anéis: A Sociedade do Anel.*

Nessa lista de 25 mortes na tela, ele foi esfaqueado, enforcado, explodido, soterrado, pisoteado e baleado em nove ocasiões diferentes, mas a morte que se destaca acima de todas é a com barriga cheia de flechas, como Boromir no primeiro filme da trilogia *O Senhor dos Anéis*.

Não importa o que Boromir quase fez ou o que o levou isso, seus últimos segundos de redenção são alguns dos melhores momentos em um dos melhores filmes de uma das melhores séries de todos os tempos.

As últimas palavras de Boromir:

"Eu teria seguido você, meu irmão... meu capitão... meu rei."

3. *2001: UMA ODISSEIA NO ESPAÇO* (1968)

Dizer que *2001* estava à frente do seu tempo é a subestimação de todas as subestimações. Kubrick filmou como seria uma aterrissagem na lua, um ano antes do homem de fato aterrissar na lua. E o fez tão bem que inspirou uma teoria da conspiração que perdura até hoje. O que é ainda mais impressionante é que o pouso na lua é apenas uma pequena parte de um filme que atinge um número assustador de cenas memoráveis.

Baseado no livro de Arthur C. Clarke, Kubrick estabeleceu o padrão para todos os filmes de ficção científica que se seguiriam. A obra é bem pesquisada, filmada com precisão e estilisticamente de tirar o fôlego. É quase possível identificar os *frames* exatos que inspiraram produções como *Star Wars*, *Interestelar* e *Gravidade*. Mas no coração de tudo isso está um vilão memorável.

Visualmente, o HAL 9000 é apenas um punhado de pontos vermelhos em uma série de painéis de parede, uma voz desencarnada programada para ser suave, tranquilizadora e agradável. Como HAL nos lembra, um modelo 9000 nunca cometeu um erro. No mundo real, isso seria um ponto positivo, mas no mundo do cinema, é um prenúncio de desgraça iminente. Assim como a Alexa e a Siri, HAL ouve tudo, vê tudo e controla tudo, o que não é o ideal quando as coisas correm mal.

Embora ele se volte, inevitavelmente, contra os humanos, aqueles que ele deveria proteger, Kubrick consegue passar humanidade à inteligência artificial, o que faz com que sua "morte" seja de partir o coração. Enquanto Dave desconecta lentamente um circuito atrás do outro, HAL tenta desesperadamente agarrar-se à sua sanidade antes de desaparecer, cantando a canção que aprendeu quando começou a funcionar em Urbana, Illinois, no dia 12 de janeiro de 1992.

As últimas palavras do HAL 9000:

"Daisy, Daisy, dê a sua resposta, sim. Estou meio louco de amor por você. Não será um casamento com estilo; não tenho dinheiro para uma carruagem. Mas você vai estar linda no assento de uma bicicleta feita para dois."

2. *CIDADÃO KANE* (1941)

Se você olhar para qualquer lista dos melhores filmes de todos os tempos, é quase certo que encontre este título no topo. O primeiro longa-metragem de Orson Welles é também a sua obra-prima. Ele é o equivalente em direção a alguém que não sabe que as coisas são impossíveis e as faz mesmo assim. Se hoje seria revolucionário, em 1941, sacudiu a terra, mesmo que tenha perdido o prêmio de melhor filme para Como *Era Verde o Meu Vale.*

O trama gira em torno de uma última palavra. É a primeira palavra do filme, a última palavra que sai da boca do personagem título, o coelho branco que conduz o jornalista Jerry Thompson na sua jornada de descoberta, a palavra final lida ao lado de um trenó velho descartado antes que a tela escureça.

A palavra derradeira de Charles Foster Kane:

"*Rosebud.*"

1. *O MÁGICO DE OZ* (1939)

O Mágico *de Oz* é considerado um dos filmes mais importantes já realizados. A série de livros de L. Frank Baum em que se baseia também é maravilhosa. No entanto, é preciso questionar uma personagem, supostamente todo-poderosa, que recebeu um ponto fraco que está em todos os lugares, o tempo todo.

A Bruxa Má do Oeste teria que evitar banhos, chuveiros, chuva, neve, suor, sucos e sopas de todos os tipos. A lista continua e continua. Para uma bruxa má, era uma alergia bastante severa e infeliz.

No livro, a bruxa malvada desempenha na verdade um papel bem pequeno, mas, quando vemos a performance fenomenal de Margaret Hamilton, é fácil entender porque sua participação não foi apenas ampliada no filme, mas acabou inspirando um musical de enorme sucesso da Broadway.

As últimas palavras da Bruxa Má:

"Estou derretendo! Derretendo! Ah, que mundo é esse? Que mundo é esse? Quem poderia pensar que uma menina como você poderia destruir a minha bela maldade?! Ah, estou indo! Ahhh!"

Capítulo 6

Artistas

Embora possam ser conhecidas mais por suas imagens do que por suas palavras, não é surpresa que belas mentes sejam capazes de dizer coisas bonitas. Os artistas reestruturam a forma como vemos o mundo, mostram o mundano através de um novo conjunto de olhos e manipulam forma, cor e estrutura em chaves que desvendam novas sensações. São pessoas que veem a verdade por baixo do pó ou por trás da fachada brilhante. Muitos artistas expõem seus corações nas telas, abrindo para um espectador perceptivo uma janela para a sua alma. Pelo menos, alguns deles o fazem. Outros pintam belas bandejas de frutas que ficam muito bem nas paredes do escritório.

Os artistas são particularmente conhecidos por serem mais admirados após a sua morte, o que torna este um momento perfeito para apreciar estes homens e estas mulheres.

SALVADOR DALI (1904-1999)

O pintor surrealista espanhol é famoso por seu trabalho com elefantes de patas superlongas e relógios derretidos, embora ele seja quase tão conhecido por sua personalidade exuberante. Dali disse coisas como "Eu não uso drogas. Eu sou as drogas" e "Todas as manhãs, quando acordo, sinto novamente um prazer supremo — o de ser Salvador Dali".

Com seu bigode que desafiava a gravidade, suas excentricidades evidentes e seu interesse em todas as coisas inusitadas, a vida de Dali imitava de muitas maneiras os estranhos mundos que ele descreveu. Com as suas últimas palavras, o artista aproveitou mais uma oportunidade na vida para imitar a arte:

"Onde está o meu relógio?"

LEONARDO DA VINCI (1452-1519)

Da Vinci acreditava que a arte e a ciência trabalhavam lado a lado e, a julgar por seu domínio de ambas, parece que ele estava certo. Seria preciso um livro duas vezes mais longo do que este para começar a descrever sua vida e obra.

Ele pintou duas das obras de arte mais conhecidas do mundo: *Mona Lisa* e *A Última Ceia*. Elaborou projetos para pontes, máquinas voadoras, bestas e paraquedas. Criou um cavaleiro robótico funcional e inventou o equipamento de mergulho. Melhorou o relógio. Seus esboços de anatomia humana e sua compreensão do que mais tarde seria conhecido como biomecânica estavam séculos à frente dos seus contemporâneos. E, mesmo depois de tudo isso, ele ainda não estava satisfeito com o que tinha conseguido.

As suas últimas palavras:

"Ofendi a Deus e à humanidade, porque o meu trabalho não atingiu a qualidade que deveria ter."

RAFAEL (1483-1520)

Apesar do que o desenho animado das tartarugas quer fazer crer, os verdadeiros Rafael, Michelangelo e Leonardo eram rivais. Donatello morreu em 1466, tinha 64 anos quando da Vinci nasceu e estava bem morto cerca de dez anos antes do nascimento de Michelangelo e quase duas décadas antes do de Rafael.

Destes quatro grandes mestres renascentistas, Rafael era o mais novo e morreu mais cedo (com apenas 37 anos). Embora o seu tempo ao sol tenha sido curto, ele foi incrivelmente prolífico. Deixou o mundo com centenas de pinturas, afrescos e gravuras, juntamente com suas muitas obras arquitetônicas.

Ao contrário do seu homônimo impetuoso em *Tartarugas Ninja*, o pintor era conhecido por ser particularmente sensato, e era chamado para mediar discussões. Mais tarde, dirigiu uma oficina com mais de cinquenta alunos, famosa por sua atmosfera de colaboração.

A sua última palavra:

"Feliz."

FRIDA KAHLO (1907-1954)

Kahlo é mais conhecida pelos seus autorretratos, mas eles são apenas uma parte do seu trabalho impressionante e da sua ainda mais impressionante vida. Muitas obras de Frida são inspiradas pelo realismo mágico, que permeia grande parte da arte e cultura da América do Sul e Central.

Como muitos dos grandes, os seus trabalhos eram mais do que belos. Ela era uma feminista atuante, profundamente envolvida com a política e orgulhosa de sua herança mexicana. Muitos admiram as suas representações não idealizadas da beleza e da forma feminina.

Suas palavras finais captam a mistura única que tornou sua arte tão importante. São igualmente bonitas, sensatas, honestas e assombrosas:

"Espero que a saída seja alegre e espero nunca mais voltar."

VINCENT VAN GOGH (1853-1890)

Van Gogh é o melhor exemplo de um grande artista que não foi apreciado em seu próprio tempo. Hoje muitos dos seus trabalhos, incluindo *Girassóis*, *Quarto em Arles*, e *A noite estrelada*, tornaram-se nomes familiares. Infelizmente, nada deste sucesso se realizou durante os seus curtos 37 anos de vida.

O pintor holandês passou muitos anos em meio à pobreza e lutou contra o alcoolismo e uma doença mental durante toda a vida. Ele é visto por muitos como o epítome do artista faminto. Van Gogh era especialmente dedicado ao seu trabalho e, muitas vezes, usava os quadros para expressar os seus sentimentos mais verdadeiros, que, infelizmente, eram de isolamento e desespero.

Basta olhar para um dos seus famosos autorretratos perceber tanto os tormentos que habitavam seu interior como a extraordinária beleza que o artista foi capaz de capturar.

Infelizmente, van Gogh morreu depois de caminhar até o hospital com um ferimento autoinfligido por um tiro. As suas últimas palavras:

"A tristeza vai durar para sempre."

PABLO PICASSO (1881-1973)

No extremo oposto de van Gogh está Pablo Picasso. Ele foi um artista amplamente reconhecido como um gênio ainda em vida, e conseguiu acumular uma fortuna durante sua carreira longa e prolífica.

Se você pedir a alguém na rua para nomear um artista, Picasso é, muito provavelmente, o nome que vai ouvir. Mesmo os fãs mais casuais de arte provavelmente terão algum conhecimento de obras como *O velho guitarrista cego*, *Mulher sentada junto de uma janela*, e *La Rêve*. Mesmo produzindo em vários estilos, Picasso é mais conhecido por seu trabalho cubista, trazendo uma terceira dimensão para um meio bidimensional, quebrando sujeitos em pedaços e, depois, olhando para essas peças de diferentes pontos de vista ao mesmo tempo.

Picasso morreu com 91 anos em decorrência de um ataque cardíaco, enquanto jantava com esposa e amigos. As suas últimas palavras:

"Beba por mim, beba pela minha saúde, vocês sabem que não posso mais beber."

HENRI DE TOULOUSE-LAUTREC (1864-1901)

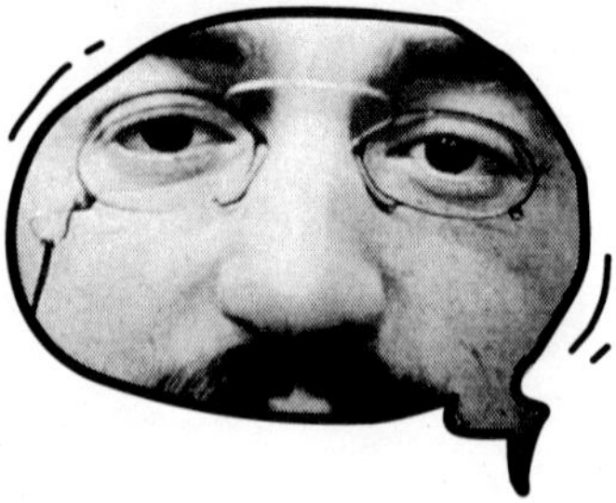

Toulouse-Lautrec foi o artista que registrou a cena mundialmente famosa de Montmartre, em Paris, em que ele mesmo bebia, fumava e comia (e fazia muitas outras coisas) com um grupo diverso de filósofos, escritores, atores, artistas, dançarinos, prostitutas e comediantes.

Grande parte do seu trabalho gira em torno de Montmartre, da vida noturna no Moulin Rouge e outros inferninhos do gênero e das pessoas que constituíam a comunidade boêmia da qual fazia parte. Ele tem sido retratado em filmes como *Moulin Rouge: Amor em Vermelho* e *Meia Noite em Paris.*

O pintor também é conhecido por sua baixa estatura, menos de 1,50 metro. No meio da adolescência, ele quebrou ambas as pernas e, como resultado de uma rara desordem genética — hoje conhecida como síndrome de Toulouse-Lautrec —, elas pararam de crescer enquanto o resto do seu corpo se desenvolvia. (Existem rumores de que uma parte do corpo abaixo da cintura estava hipertrofiada, o que significa que — ao contrário das suas pernas — ela, de fato, continuou a crescer).

Toulouse-Lautrec morreu com apenas 36 anos, de complicações causadas pelo alcoolismo e pela sífilis. Suas últimas palavras foram dirigidas ao pai, a quem ele não via com frequência e não era próximo:

"*Vieux con!*" ("Velho escroto!")

PAUL CÉZANNE (1839-1906)

Cézanne é mais conhecido pelo seu trabalho com a natureza morta, incluindo uma série de pinturas de maçãs. Embora tenha produzido várias obras famosas em uma grande variedade de estilos, muito do trabalho do artista francês foi impulsionado pelo desejo de capturar a natureza de uma forma autêntica.

Ele tinha fortes convicções sobre o propósito da arte, e falava e escrevia sobre o assunto, deixando-nos famosas frases como: "Uma arte que não é baseada no sentimento não é arte de verdade", "Pintar a partir da natureza não é copiar o objeto, é perceber as próprias sensações" e "Gênio é quem tem a capacidade de renovar as próprias emoções na experiência diária".

Embora, hoje, o trabalho de Paul Cézanne esteja pendurado em quase todas as galerias dignas de menção, durante a sua vida ele teve dificuldade em ser levado a sério. No início da sua carreira, um curador chamado Pontier se recusou a exibir o seu trabalho. Esta indelicadeza marcou tanto o pintor, que sua suposta última palavra foi:

"Pontier."

GUSTAV KLIMT (1862-1918)

Há um episódio na quarta temporada de *Buffy, a Caça-Vampiros* no qual os vampiros mantêm um registro de quais cartazes eles mais encontram nas paredes dos dormitórios de suas vítimas: *O beijo*, de Gustav Klimt e as ninfeias, de Claude Monet. É curioso, porque é verdade: as impressões dos trabalhos de Klimt fazem parte da decoração do quarto de um jovem de vinte anos tanto quanto as mesas de centro da Ikea e as estantes para bugigangas.

A arte de Klimt é largamente influenciada pelo estilo e método japoneses, é fácil de se conectar, sensual e bela, mesmo que passe uma ilusão de complexidade. A ironia da sua popularidade é que, durante a sua vida, grande parte da sua produção foi vista como excessivamente erótica e, em alguns casos, até pornográfica. O foco de Klimt no sexo transcendeu a tela, já que dizem que ele teve catorze filhos ilegítimos com mulheres diferentes.

Talvez o mais intenso de todos os relacionamentos de Klimt tenha sido com uma mulher chamada Emilie, de quem ele foi próximo por décadas, mas com quem — dizem — nunca se envolveu fisicamente. Quando morreu, ela dominava seus pensamentos.

As suas últimas palavras:

"Chame a Emilie."

BERTHE MORISOT (1841-1895)

Uma das mais importantes pintoras impressionistas, Berthe Morisot capturou a essência da vida cotidiana, com luz e cor. Foi bem-sucedida em vida e desfrutou da amizade e do apoio de artistas renomados da época, incluindo Renoir, Degas, Cézanne e Monet. Ela também foi casada com Eugene Manet, irmão do artista famoso Edouard.

Morisot foi uma artista prolífica, criando centenas de peças ao longo dos anos. Ela se concentrava em cenas de mulheres e crianças, muitas vezes usando sua filha e sua irmã como modelos.

Ela morreu com apenas 53 anos, ficando doente enquanto cuidava de sua filha, gripada. Morisot escreveu uma carta à filha, órfã aos dezesseis anos, no leito de morte. Embora não conheçamos suas palavras derradeiras, sabemos que, na carta, ela escreveu:

"Você nunca me causou dor na sua vidinha... Tem beleza e dinheiro. Use-os bem."

Capítulo 7

Músicos

Infelizmente, de todas as categorias de celebridades, as que tem as mortes mais famosas são os músicos. Talvez faça sentido que muitas delas sacudam o mundo. Eles ganham a vida compartilhando sua privacidade, apresentam-se no palco em frente de milhões de pessoas e expõem suas almas noite após noite. Faz sentido que, quando morrem, o mundo saiba disso. Muitos falecem tragicamente jovens. Alguns como resultado do estilo de vida rock'n'roll, outros como consequência da mesma exposição e do gênio frágil que levou muitas dessas estrelas à fama e à fortuna.

É irônico que tantas dessas estrelas tenham tido suas partidas imortalizadas na música: "American Pie", "Real Good Looking Boy", "Angel of Harlem" e o clássico de Puff Daddy and Faith Hill, "I'll Be Missing You". Se a música é a trilha sonora da vida, então estes cantores, guitarristas e compositores deixaram o mundo com uma última nota memorável.

BOB MARLEY (1945-1981)

O cantor, compositor e revolucionário jamaicano levou os sons do seu país para o mundo. Tanto com sua banda, The Wailers, quanto mais tarde como artista solo, Marley pegou os sons do reggae, *ska*, rock e *folk* e criou algo tanto universal quanto distinto.

Quando você pensa no catálogo incrível de sucessos que ele criou e no impacto que deixou no mundo, é fácil esquecer o quão jovem era quando morreu. Bob não nos deixou apenas com hits, ele nos deixou com canções que são amadas por todo o planeta: "No Woman No Cry", "Three Little Birds", "Redemption Song", "Is This Love", "Jamming", "Buffalo Soldier" e "One Love" são apenas algumas delas. São canções que inspiraram o amor e a paz, e que também ajudaram a desencadear a revolução e nos lembraram de não tolerar a injustiça. Suas últimas palavras foram para seu filho Ziggy e foram um exemplo perfeito do que o tornava único:

"O dinheiro não pode comprar a vida."

GEORGE HARRISON (1943-2001)

Você pode dizer muito sobre uma pessoa pelo seu Beatle favorito — especialmente, se esse Beatle é George Harrison. Ele era o tímido, o enigmático, o sensível com certa ousadia. Ele tocava canções ligeiramente fora de harmonia em instrumentos ligeiramente desafinados. Além disso, George era muito bom na guitarra.

Por mais que John e Paul fossem o rosto da banda e aqueles que assinavam os sucessos, George estava sempre por trás, impulsionando o grupo e, espiritualmente, abrindo novos caminhos. Sem ele, fica difícil acreditar que teríamos um *Revolver*, um *Sgt. Pepper's Lonely Hearts Club Band*, ou um *The White Album*.

Grande parte da sua música teve como foco encontrar a paz interior e exterior, por isso, faz sentido que, ao falecer em decorrência do câncer, com a sua esposa ao seu lado, suas palavras finais fossem de amor:

"Amem-se uns aos outros."

AMY WINEHOUSE (1983-2011)

Amy Winehouse só lançou dois álbuns na sua vida curta e trágica. Mas, mesmo com uma amostra pequena, ficou claro que ela era especial. O estilo descolado atemporal de "Back to Black", a mistura de sensibilidade punk e composição retrô de "Rehab". Se essas eram as sementes, imagine o que estava por vir. Infelizmente, "Rehab" não foi apenas o seu maior sucesso, mas uma premonição do destino que estava por vir.

Winehouse lidou com uma série de demônios particulares e não tão particulares, incluindo o uso indiscriminado de álcool e drogas, as doenças mentais e uma série de problemas com a lei. Infelizmente, seus vícios venceram, e Amy nos deixou aos 27 anos. Mais triste ainda são os relatos de que ela tinha visitado o médico poucas horas antes da sua morte e dito ao doutor:

"Eu não quero morrer."

LUDWIG VAN BEETHOVEN (1770-1827)

Há uma pequena lista de compositores que fizeram a trilha sonora do mundo moderno: Tchaikovsky, Mozart, Brahms, Bach, mas bem perto do topo dessa lista está o compositor nascido na Suíça, que uma vez viajou no tempo com Bill e Ted. "Für Elise" e as *Quinta* e *Nona Sinfonias* se tornaram parte do imaginário coletivo.

É sabido que Beethoven escreveu muitas de suas maiores obras após perder a audição, mas o que muitos não sabem é que o compositor não perdeu a audição até os 28 anos, e o alcance exato e a causa de sua perda auditiva é assunto para debate. Uma teoria interessante é que pode ter sido, pelo menos em parte, devido ao seu hábito de mergulhar a cabeça em bacias de água gelada para se manter acordado.

Há também controvérsia sobre suas últimas palavras. Alguns afirmam que foram: "Aplaudam, meus amigos, a comédia está terminada." Outros, que foram as irônicas "ouvirei no céu". Talvez, o relato mais aceito seja que suas palavras derradeiras vieram logo após ele ter sido informado de que o vinho estava a caminho de seu leito de morte:

"Que pena, que pena, tarde demais."

WOLFGANG AMADEUS MOZART (1756-1791)

O compositor começou a escrever música aos quatro anos, a fazer turnês aos seis, completou sua primeira sinfonia aos oito e, aos catorze, escreveu uma ópera. Mozart aproveitou ao máximo os seus 35 anos, compondo mais de seiscentas obras, incluindo muitas das sinfonias, concertos e óperas mais conhecidos e amados do mundo.

Mozart viveu com vigor. Viajou, apaixonou-se, arrumou briga com um arcebispo, convenceu a mulher que amava a se casar com ele (na véspera da chegada de uma carta do pai dela concedendo permissão), ganhou muito dinheiro e gastou muito dinheiro. Um aspecto da sua vida que tem sido exagerado é a sua famosa rixa com o colega compositor, Antonio Salieri. Embora os dois possam ter sido rivais, há provas de que, mais tarde, foram parceiros e, talvez, até amigos. No entanto, persistiram rumores ao longo da vida de Salieri de que ele tinha envenenado o rival de outrora. Estes rumores acabaram por prejudicar a saúde mental do italiano mais tarde.

A causa de morte de Mozart permanece um mistério, com teorias que invocam todo tipo de doença até sugestões menos fundamentadas de jogo sujo de seus rivais, ou mesmo de um plano da própria esposa.

Seja qual tenha sido a causa, o músico sabia que o fim tinha chegado. As suas últimas palavras:

"O sabor da morte está nos meus lábios. Eu sinto algo que não é desta terra."

KURT COBAIN (1967-1994)

Qualquer pessoa que cresceu nos anos 1990 se lembra da primeira vez que ouviu o distinto *riff* de abertura de "Smells Like Teen Spirit". Foi uma faísca que desencadeou uma explosão na indústria da música. A canção destila perfeitamente uma cena musical nascente em Seattle e o turbilhão de emoções de quase todo adolescente de dezesseis anos no mundo. E talvez nem tenha sido a melhor música do álbum.

O crescimento do Nirvana ao longo de seus três álbuns, lançados entre 1989 e 1994, foi astronômico. Todos eles tornaram-se clássicos, mas a trajetória de rock de garagem bagunçado à arte sônica era uma prévia das coisas incríveis que estavam por vir. Cobain foi, claro, a força motriz por trás das letras da banda, encantando os ouvintes com vocais que podiam variar de delicado a primitivo em um instante. Infelizmente, os demônios que Cobain parecia estar tentando exorcizar na sua música eram muito reais. O cantor tirou a própria vida aos 27 anos, e deixou como suas últimas palavras:

"Já não tenho a paixão, por isso, lembrem-se, é melhor queimar do que desvanecer. Paz, amor, empatia."

FRANK SINATRA (1915-1998)

Há muito poucos artistas tão fascinantes quanto Blue Eyes. O líder do Rat Pack (uma expressão que o próprio Sinatra não gostava) fez um pouco de tudo, e bem. Sinatra já vendeu mais de 150 milhões de álbuns em todo o mundo, ganhou um Oscar como ator e, muitas vezes, é reconhecido por ter ajudado a aumentar a popularidade de Las Vegas.

No coração do sucesso de Sinatra está sua capacidade de dominar qualquer canção. Feche os olhos e pense em "My Way" ou "The Lady Is a Tramp". A voz de Sinatra veio à sua cabeça? Claro que sim. Ele nem sempre era o primeiro a cantá-las ou mesmo o melhor, mas uma vez que colocava seu selo em uma canção, ela se tornava dele.

Apesar de sagacidade e eloquência, Sinatra era intransigente. Até a sua morte, aos 82 anos, Blue Eyes era conhecido como um homem que conseguia o que queria e como queria. Embora suas últimas palavras possam ser consideradas uma admissão de derrota, também é provável que estivessem carregadas de honestidade brutal e sagacidade sombria. No seu leito de morte, a sua esposa encorajou-o a lutar. A resposta dele:

"Estou perdendo."

GLENN MILLER (1904-1944)

Embora muitas pessoas tenham recebido o apelido ao longo dos anos, é difícil discordar de que Glenn Miller seja o verdadeiro Rei do Swing. No seu auge, Miller conseguiu a impressionante marca de dezesseis músicas no número um das paradas e 69 no top dez, tudo em apenas quatro anos. Entre 1939 e 1943, ele foi o músico mais vendido do mundo, com sucessos intemporais como "Little Brown Jug", "Chattanooga Choo-Choo" e "Pennsylvania 6-500".

A única coisa que deteve o sucesso de Miller foi seu desejo de lutar na Segunda Guerra Mundial. Mesmo sendo velho para se alistar, ele se comprometeu a ajudar as tropas da maneira que sabia, e se tornou o líder da Banda das Forças Aéreas do Exército. Infelizmente, esta decisão levaria à sua morte prematura. Em dezembro de 1944, Glenn Miller embarcou em um voo a Londres para encontrar as tropas que serviam em Paris. O avião sumiu quando sobrevoava o Canal da Mancha.

A lenda é que as suas últimas palavras, enquanto embarcava no avião, em Londres, foram:

"Onde diabos estão os paraquedas?"

ELVIS PRESLEY (1935-1977)

É de Elvis o famoso depoimento: "A imagem é uma coisa e o ser humano é outra. É muito difícil viver de acordo com uma imagem." Ninguém tinha uma imagem maior para fazer jus do que o próprio. O artista recordista em venda de álbuns na história da música, tornou-se um ícone tão grande que ficou conhecido simplesmente como o Rei. Se você já ouviu falar de música, ouviu falar de Elvis.

Segundo estimativas, Graceland recebe entre 500 e 750 mil visitantes por ano. A única residência nos Estados Unidos mais vista é a Casa Branca.

As especificidades da sua morte ainda são contestadas, mas Elvis morreu em decorrência de um ataque cardíaco, aos 42 anos, provavelmente, devido a combinação de um coração dilatado e o uso de medicamentos prescritos e não prescritos. Segundo a sua noiva na época, Ginger Alden, as suas últimas palavras foram:

"Vou ao banheiro para ler."

SAM COOKE (1931-1964)

Há muitos nesta lista de músicos que morreram cedo, mas seria difícil encontrar uma perda mais trágica para o mundo do que Sam Cooke. No auge da sua popularidade, durante o movimento de direitos civis do fim dos anos 1950 e início de 1960, ele estava na linha de frente, derrubando barreiras raciais dentro e fora da música.

O que talvez seja o mais impressionante na enorme popularidade de Cooke é que ele era um músico incrível, que conseguiu não só emplacar músicas pop cativantes e baladas de derreter corações como "Another Saturday Night" e "You Send Me", como conseguiu que a rádio convencional tocasse faixas abertamente políticas como "A Change Is Gonna Come" e "Chain Gang". Quer fosse gospel versus mundano, rock'n'roll versus R&B e, mais importante, negro versus branco, não havia um muro na música que Cooke não estivesse quebrando.

Infelizmente, o líder corajoso com a voz suave como seda foi morto com um tiro no seu hotel, aos 33 anos. As suas últimas palavras:

"Senhora, você atirou em mim."

BUDDY RICH (1917-1987)

Talvez nunca tenha havido um baterista tão influente como Buddy Rich. Criança prodígio que se tornou uma lenda, Rich foi a espinha dorsal de bandas lideradas por gigantes como Tommy Dorsey e Count Basie. Ele era conhecido por ser rápido, versátil e explosivo, o que, infelizmente, era verdade tanto no palco como fora dele. Seu temperamento era quase tão famoso quanto seu virtuosismo na música.

As explosões do músico se tornaram tão famosas que os membros da banda começaram a gravá-las. Parece que Rich levava na boa tudo isso, pois, em seu leito de morte, ele pediu ao amigo íntimo e biógrafo, Mel Tormé, para tocar uma das gravações para ele, embora, aparentemente, Tormé nunca o tenha feito.

Rich era uma figura colossal, e com isso vieram algumas histórias colossais. Uma, muitas vezes contestada, é a das suas últimas palavras. Diz a lenda que uma enfermeira perguntou se havia algo que ele não pudesse suportar. Rich respondeu:

"Sim, música *country*!"

EDITH PIAF (1915-1963)

A cantora francesa recebeu seu sobrenome — pardal, em francês — por sua voz memorável. Piaf é uma das grandes cantoras de baladas, talvez mais famosa pela clássica "La Vie en Rose".

Ela teve uma vida notável. Foi criada em um bordel dirigido pela avó e fez acrobacias com o seu pai, que era artista de rua. Piaf tinha laços com a máfia, o amor de sua vida morreu em um acidente de avião, ela apareceu em um filme de Jean Cocteau, ajudou prisioneiros a escapar de campos de concentração alemães durante a Segunda Guerra Mundial e tudo isso é apenas a ponta do iceberg.

No final, a cantora foi vencida pelo abuso de álcool e dependência química. Suas palavras derradeiras foram:

"Tudo o que você faz nesta vida, tem de pagar."

FREDDIE MERCURY (1946-1991)

O vocalista do Queen era conhecido pelo alcance vocal e carisma incríveis. Há rumores de que Mercury tinha um alcance de quatro oitavas (para aqueles que não são bem versados em canto, isso é um feito muito impressionante). Mesmo assim, o que mais impressionava nele, como cantor, era, provavelmente, sua versatilidade. Ouça o melhor de Queen e você vai ouvir música country, rock progressivo, ópera, blues, jazz, hard rock, e qualquer outro gênero que possa pensar.

Tão famosa quanto sua voz e atuação no palco era sua vida pessoal. Mercury foi uma das primeiras estrelas da música abertamente gay e era conhecido por curtir tanto a vida fora dos palcos quanto dentro, às vezes, em detrimento de suas outras relações. Dizer que ele amava gatos é um eufemismo.

Embora não tenhamos certeza sobre suas últimas palavras, dizem que ele morreu em casa, nos braços de seu amor, Jim Hutton. O que é conhecido são as palavras finais da sua última entrevista gravada:

"Eu ainda te amo."

HUDDIE "LEAD BELLY" LEDBETTER (1888-1949)

Embora haja alguma discordância sobre a ortografia do seu apelido, é acordado que Lead Belly (ou Leadbelly) tocava como ninguém. O guitarrista virtuoso de doze cordas poderia tocar qualquer coisa que colocassem na sua frente: bandolim, piano, violino, acordeão, harmônica, não importava. Além disso, ele era um bom compositor. A sua música foi e tem sido tocada por todos os artistas consagrados: Elvis Presley, Johnny Cash, The Beach Boys, The White Stripes, Nirvana, Ministry, Led Zeppelin, Tom Waits, ABBA, Bob Dylan, Raffi, Red Hot Chili Peppers, Frank Sinatra e muitos outros.

O homem do gospel e do blues levava uma vida tumultuada. Condenado várias vezes por esfaqueamento, Lead Belly passou anos cumprindo pena. Ele não chegaria à fama até se mudar para Nova York, sendo, pouco depois, diagnosticado com esclerose lateral amiotrófica (ELA).

Ele morreu aos 61 anos. Dizem que suas últimas, ou quase últimas, palavras foram dirigidas ao seu médico:

"Doutor, se eu pousar esta guitarra aqui agora, nunca mais vou acordar."

JACKIE WILSON (1934-1984)

O sr. Empolgação ganhou seu apelido por ser um dos artistas mais envolventes do seu tempo. Além da presença eletrizante no palco, Wilson tinha uma voz suave e versátil, com a qual gravou mais de cinquenta sucessos em vários gêneros, incluindo pop, R&B e gospel.

Para dar aos seus espetáculos um pouco mais de energia, Wilson tinha o hábito de comer cápsulas de sal e beber grandes quantidades de água antes de chegar ao palco. O propósito do hábito inusitado era aumentar a transpiração. Isso, provavelmente, levou-o à hipertensão e, por sua vez, ao ataque cardíaco que o cantor sofreu durante uma apresentação no programa de Dick Clark, *Good Ol' Rock and Roll Revue*. O enfarto deixou Wilson por mais de oito anos em coma, até a sua morte, em 1984.

O cantor não conseguiu falar após o episódio, o que significa que suas palavras finais vieram enquanto fazia o que mais gostava, atuando para uma plateia cheia de fãs fervorosos. O ataque cardíaco aconteceu enquanto ele cantava o sucesso "Lonely Teardrops". A sua última linha:

"O meu coração está chorando, chorando."

JEAN-PHILIPPE RAMEAU (1683-1764)

Grande parte da vida de Rameau é um mistério, mas sabemos que ele despontou tardiamente. O compositor francês não deixou marca alguma na música até os quarenta anos, e só compôs a sua primeira ópera quando tinha quase cinquenta. Mas, uma vez que começou, ele não parou mais, compondo quase trinta peças até sua morte.

Rameau era determinado. Não muito conversador e de pavio curto, seu talento musical e perfeccionismo o levaram ao sucesso. O seu compromisso com a arte da música ficou evidente no leito de morte. Enquanto Rameau ardia em febre, um padre à sua cabeceira tentou aliviar sua dor com uma canção, o que desencadeou as palavras finais do francês:

"Que diabos você está cantando para mim, padre? Você está desafinado."

JOHNNY ACE (1929-1954)

Você pode nunca ter ouvido o nome Johnny Ace, mas é provável que tenha ouvido sua música. Seu sucesso póstumo "Pledging My Love" toca no carro de Lorraine em *De Volta Para o Futuro*, bem como em *Christine, o Carro Assassino*, de John Carpenter, e em *Caminhos Perigosos*, de Martin Scorsese. Também foi gravado por Elvis Presley na última sessão de estúdio do Rei. Paul Simon escreveu uma canção tocante sobre ele, chamada "The Late Great Johnny Ace".

Infelizmente, a vida do jovem cantor foi encurtada logo no início da sua carreira. A história conta que Johnny estava nos bastidores e brincava com uma arma no camarim. Quando outros na sala lhe pediram para guardá-la, ele apontou a arma para a própria cabeça.

Aparentemente, Ace pensou que a arma não estava carregada, e, com um sorriso no rosto, puxou o gatilho. As suas últimas palavras:

"Está tudo bem! A arma não está carregada... Está vendo?"

TERRY KATH (1946-1978)

Kath tocou guitarra e cantou na banda de rock Chicago nos anos 1970. Embora a música fosse popular, Kath era considerado por seus pares como sendo extremamente subestimado. Jimi Hendrix uma vez nomeou

Kath como um de seus guitarristas favoritos. Se quiser ouvir como ele era bom, ouça o solo da faixa clássica "25 or 6 to 4".

Infelizmente, como Johnny Ace, Kath morreu jovem. Também como Ace, devido a um infeliz acidente com uma arma de fogo. Conhecido como um aficionado por armas, ele estava brincando com uma 9mm, que acreditava estar descarregada, quando a posicionou contra a cabeça e puxou o gatilho, levando uma carreira extremamente promissora a um fim trágico. As suas últimas palavras:

"Não se preocupe com isso... Olha, ela nem está com o pente."

MARVIN GAYE (1939-1984)

Há poucas vozes mais suaves do que a de Marvin Gaye, que podia cantar de tudo. Os êxitos memoráveis do músico passam pelo funk "I Heard It through the Grapevine", o dueto inspirador "Ain't No Mountain High Enough", pelas sensuais "Let's Get It On" e "Sexual Healing", e pelo contundente comentário social de "What's Going On" e "Mercy Mercy Me". Gaye era um artista raro que poderia criar clássicos para qualquer década, mas, infelizmente, sua carreira abrangeu apenas três.

O músico nunca se deu bem com o pai, um pastor e disciplinador que seguia o credo de que palmadas eram educativas. Quando Marvin voltou para casa, para ajudar sua mãe enferma, ele se viu no meio de brigas entre seus pais, e uma vida inteira de inimizade veio à tona. Na noite de sua morte, Marvin já estava farto do pai gritando com sua mãe, e a situação já tinha saído de controle quando Marvin Senior puxou uma arma para seu filho e apertou o gatilho.

Há relatos contraditórios em relação às suas últimas palavras. O primeiro, aparentemente, veio do momento antes do seu pai entrar no quarto:

"Eu vou pegar as minhas coisas e sair desta casa. Meu pai me odeia, e nunca mais volto."

O segundo relato, e mais revelador, vem do irmão de Marvin, Frankie, que afirma que no fim, o cantor sussurrou:

"Consegui o que queria... Não consegui fazê-lo eu mesmo, então ele fez por mim... É bom, percorri meu caminho, já não há mais nada em mim."

JIMI HENDRIX (1942-1970)

Jimi nasceu para tocar guitarra. Foi tudo em que ele pensou antes de comprar seu primeiro instrumento verdadeiro, por cinco dólares, aos quinze anos. E uma vez com as mãos em uma guitarra, tudo mudou. Claro que ele iria reinventar o significado de "tocar".

Ouvir Hendrix é como ouvir as melhores peças de música clássica. Ele era um mestre do seu instrumento, compreendendo, primeiro, tudo o que podia fazer e, depois, reinventando os acordes de formas nunca imaginadas. Sempre contido e experimental ao mesmo tempo. Podia improvisar como os grandes do jazz, usando todos os truques sonoros já inventados. O blues de "Hey Joe", o frenesi de "Crosstown Traffic", a beleza complexa de "Bold as Love" — Jimi podia fazer tudo isso. E, quando usou sua guitarra para gritar a sonoridade das notas de "The Star-Spangled Banner", em conjunto com foguetes em chamas e bombas caindo, Woodstock e o mundo inteiro se levantaram e prestaram atenção.

Infelizmente, como seus visionários contemporâneos Janis Joplin e Jim Morrison, Jimi morreu com apenas 27 anos, devido ao uso de drogas. As suas últimas palavras foram: "Preciso muito de ajuda, cara." Mas as palavras derradeiras, mais poéticas, vêm de um texto encontrado à sua cabeceira no momento da sua morte:

"A história da vida é mais rápida do que um piscar de olhos. A história do amor é um olá e um adeus. Até nos encontrarmos de novo."

Capítulo 8

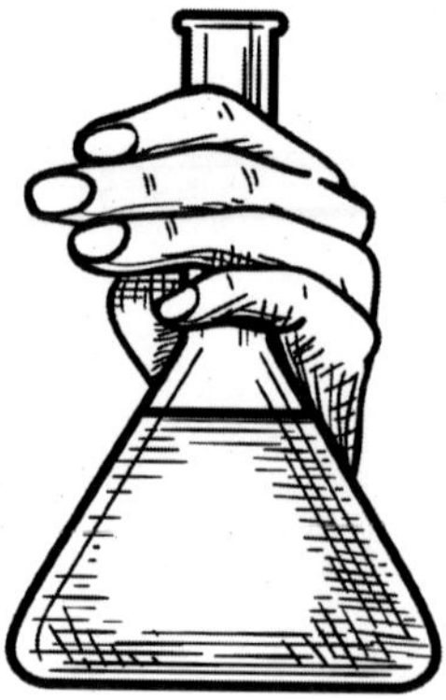

Cientistas

Dizem que a morte é a maior experiência de todas, o que, naturalmente, não é verdade, uma vez que o resultado está praticamente gravado em pedra. Um dos principais decretos da ciência é repetir experiências, e, nos bilhões de vezes em que as pessoas morreram, o resultado foi mais ou menos o mesmo.

No entanto, para qualquer pessoa que dedique a sua vida a fazer as perguntas difíceis e a procurar as grandes respostas, a morte deve ser bastante interessante, mesmo que você prefira que isso aconteça com outra pessoa. A seguir veremos uma coleção de algumas das maiores mentes que o mundo já viu, os homens e mulheres que ajudaram a moldar o progresso da humanidade. Pessoas que não tinham medo de fazer perguntas e procurar a verdade. Hoje, eles sabem a maior verdade de todas.

SIR ISAAC NEWTON (1643-1727)

Newton é mais conhecido por formular a lei da gravidade, que, por si só, seria suficiente para solidificar o seu lugar como uma das maiores mentes da história. Contudo, isso é apenas a ponta do iceberg. Suas leis do movimento lançaram as bases da física moderna. A invenção de um novo tipo de matemática, que agora chamamos cálculo, é parte integrante da engenharia e da ciência. As contribuições para o telescópio tornaram possível ver além do nosso planeta mais do que nunca.

Sir Isaac é tão importante na construção do mundo moderno como qualquer outro na história, mas, ao contrário da famosa maçã, sua grandeza nunca lhe subiu à cabeça. Newton era quase tão famoso por sua humildade quanto por sua mente. Algumas de suas frases mais citadas incluem "Se eu vi mais longe do que outros, foi por ficar sobre os ombros de gigantes" e "Diplomacia é o dom de expor um ponto de vista sem fazer um inimigo".

Newton morreu durante o sono, aos 84 anos. As suas últimas palavras registradas capturam tanto a sua humildade como a sua inesgotável curiosidade:

"Não sei como posso parecer para o mundo. Mas quanto a mim, pareço ter sido apenas um menino brincando na praia e me desviando de vez em quando para encontrar uma pedrinha mais lisa ou uma concha mais bonita do que o comum, enquanto o grande oceano da verdade jazia desconhecido diante de mim".

THOMAS FANTET DE LAGNY (1660-1734)

Mais conhecido por calcular pi até 120 casas decimais, o que, em 1719, foi um feito incrivelmente difícil e notável, mesmo que, como se verificou, ele tenha errado oito delas. O seu recorde durou setenta anos, até Jurij Vega chegar aos 126 dígitos. Como podemos ver, os primórdios da competição eram eletrizantes.

A vida de Lagny girava em torno da matemática. Ele ensinou a disciplina, escreveu artigos sobre ela e, já mais velho, foi pago para estudá-la na Academia Francesa de Ciências. Lagny fez contas até seu último suspiro. Quando, no seu leito de morte, alguém lhe perguntou quanto era doze ao quadrado, ele respondeu:

"144."

RICHARD FEYNMAN (1918-1988)

Feynman viveu uma vida fascinante de verdade. Seu trabalho no campo da mecânica quântica e da eletrodinâmica quântica lhe rendeu um Prêmio Nobel de Física, dividido com Sin-Itiro Tomonaga e Julian Schwinger. Ele ajudou a lançar as bases para a nanotecnologia. Foi uma das mentes brilhantes encarregadas de ajudar a criar a bomba atômica como parte do projeto Manhattan, durante a Segunda Guerra Mundial. Também estava na equipe que investigou o desastre do ônibus espacial Challenger. Além de tudo isso, foi um palestrante e escritor talentoso que ajudou a popularizar a física.

Feynman era uma grande personalidade e não faltam histórias sobre ele na comunidade científica. O físico tentou se dedicar à arte e à atuação, usou um bar de topless como escritório, arrombou cofres por diversão e, orgulhosamente, nunca escovou os dentes. Em resumo, era o garoto-propaganda do estereótipo do excêntrico, mas era um cientista encantador.

Feynman passou a ser um tema frequente da cultura pop, sendo retratado em várias peças e filmes, incluindo apresentações notáveis de Alan Alda e William Hurt. As suas últimas palavras:

"Odiaria morrer duas vezes. É tão chato."

CHARLES DARWIN (1809-1882)

A história da ciência está cheia de grandes momentos, de realizações que abalaram o mundo e abriram a cortina para nos mostrar um pouco mais do universo. Poucos destes abriram nossos olhos como a publicação de 1859 de Charles Darwin: *A origem das espécies*. Sua teoria da evolução e o processo de seleção natural abalaram o mundo.

É difícil exagerar a importância do trabalho de Darwin ou o quão radicais eram as suas ideias naquele tempo. As suas afirmações encontraram a resistência esperada de seus pares, mas ele era aberto ao debate e, na década de 1870, a grande maioria do mundo culto tinha compreendido suas teorias e as aceitaram como fatos. Hoje, as descobertas de Darwin são a base de como entendemos a vida.

O cientista está enterrado na Abadia de Westminster ao lado de sir Isaac Newton, companheiro de transformação mundial. As suas últimas palavras foram:

"Eu não tenho o mínimo medo de morrer."

ALBERT A. MICHELSON (1853-1931)

O primeiro estadunidense a receber o Prêmio Nobel de Física foi, na verdade, um alemão. Ele nasceu na Alemanha e se mudou para os Estados Unidos aos dois anos.

Nos seus primeiros anos, Michelson serviu na marinha dos Estados Unidos, tanto em alto mar quanto como professor de física e química na Academia Naval dos Estados Unidos. Seus trabalhos abrangem uma série de disciplinas, mas ele talvez seja mais famoso por aferir a velocidade da luz, além de ser o primeiro a medir o diâmetro de uma estrela que não fosse o sol.

Michelson trabalhou incansavelmente durante toda a sua vida, ganhando uma coleção de troféus em reconhecimento às suas contribuições. Suas últimas palavras vieram enquanto ele fazia o que amava:

"Segue um relatório sobre a medição da velocidade da luz feita no Rancho Irvine, perto de Santa Ana, Califórnia, durante o período de setembro de 1929 a..."

MARIE CURIE (1867-1934)

Madame Curie foi a primeira pessoa a receber dois prêmios Nobel e ainda é a única a ser premiada em duas categorias diferentes. Seu primeiro Nobel, em física, ao lado do marido e colega, foi em reconhecimento por seu trabalho pioneiro com a radiação. O segundo, em química, veio pelas várias descobertas importantes, incluindo a do rádio.

Apesar de Curie ter lutado contra o sexismo e a xenofobia durante toda a sua vida, permaneceu firme em seu caminho.

Após a sua morte, ela se tornou a primeira mulher a ser sepultada no Panteão por seus próprios méritos. Hoje Marie Curie está ao lado de seu marido e de grandes personalidades francesas.

Infelizmente, as suas descobertas levariam à sua morte. Desconhecendo os perigos do seu trabalho com materiais radioativos, Curie lutou contra a doença durante anos antes de morrer em decorrência da leucemia, com apenas 57 anos. As suas últimas palavras vieram quando ofereceram algo para a sua dor:

" *Je ne le veux pas.* "

("Eu não quero isso.")

ARQUIMEDES (287-212 A.C.)

Arquimedes era um matemático, inventor, engenheiro, astrônomo e físico antes mesmo de algumas dessas coisas existirem. É difícil exagerar o quanto estava à frente do seu tempo. Ele descobriu as leis das alavancas e roldanas, assim como o conceito do centro de gravidade. Foi o primeiro a calcular muitas das equações que usamos hoje para medir área e volume, também inventou toda uma natureza de coisas, incluindo um sistema melhorado para bombear água e uma garra gigante que puxava os navios inimigos para fora do mar. Para muitos naquela época, ele deve ter parecido um feiticeiro.

O grande historiador Plutarco sugere que Arquimedes foi morto em um cerco a Siracusa. Ele foi esfaqueado depois de insistir em terminar um problema matemático difícil, em vez de ir ao encontro do general conquistador Marcus Claudius Marcellus. Plutarco não menciona as últimas palavras de Arquimedes, mas elas têm sido transmitidas através do tempo, apesar de suas origens e legitimidade serem altamente questionáveis:

"Não perturbem os meus círculos."

THOMAS EDISON (1847-1941)

Edison é uma das figuras mais controversas da história. Embora fosse, sem dúvida, um inventor talentoso, é difícil distinguir quais obras pertenciam a ele e quais eram produto de sua equipe extensa de pesquisadores e funcionários. Edison foi o primeiro a realmente transformar "invenção" não apenas em um negócio, mas em uma grande corporação. Importantes criações em mineração, iluminação, som, comunicação, eletricidade, diagnósticos médicos, filmes e muito mais têm sido creditadas a ele.

Edison chamou a atenção mundial pela primeira vez com a invenção do fonógrafo; a partir daí, ele aperfeiçoou várias criações de contemporâneos antes de se concentrar na corrente contínua. Thomas Edison era um homem de negócios incrivelmente competitivo. Durante a guerra das correntes, que ele acabou perdendo para a alternada de seu ex-empregado Nikola Tesla, Edison usou famosos truques publicitários, como eletrocutar um elefante vivo, como uma tentativa de assustar as pessoas, afastando-as de seu concorrente.

Edison morreu de complicação por causa da diabetes. Suas últimas palavras vieram quando ele saiu brevemente de um coma:

"Lá é muito bonito."

Capítulo 9

Criminosos

Faz sentido que, quando se trata das últimas palavras, os criminosos muitas vezes trapaceiem. Isto é especialmente verdade para qualquer um que esteja no corredor da morte. Se você der a alguém semanas ou meses para trabalhar em uma última declaração, é bem provável que ele crie algo criativo. É surpreendente que não haja mais boas sacadas. Não poderia existir um público mais difícil, mas, quer estejam sentados na cadeira, alinhados contra uma parede ou à espera de que o fundo caia, estes caras puderam dizer mais uma piada antes de morrerem no palco.

THOMAS B. MORAN (FALECIDO EM 1971)

Moran morreu depois de uma carreira de anos como um batedor de carteiras incrivelmente bem-sucedido. Aparentemente, ele não ficou entusiasmado com o apelido que lhe foi dado nos jornais locais:

"Nunca perdoei aquele repórter espertalhão que me deu o nome de Mão Leve. Para mim, não é engraçado."

JAMES W. RODGERS (FALECIDO EM 1960)

Sentenciado à morte por assassinato. Enquanto estava em frente a um pelotão de fuzilamento, perguntaram a Rodgers se ele tinha um último pedido. Ele tinha:

"Um colete à prova de bala."

CHARLES "LUCKY" LUCIANO (FALECIDO EM 1962)

O homem conhecido como o pai do crime organizado nos Estados Unidos morreu em decorrência de um ataque cardíaco, logo após uma reunião com o produtor de cinema Martin Golsch. Suas últimas palavras se provariam proféticas, pois, mais tarde, ele se tornou tema de inúmeros filmes:

"Diga a Georgie que quero entrar para o cinema de uma forma ou de outra."

THOMAS J. GRASSO (FALECIDO EM 1995)

Foi condenado à morte, em Oklahoma, por assassinato duplo. Sua refeição final veio sem um ingrediente-chave, o que, aparentemente, aborreceu-o até suas horas derradeiras:

"Eu não recebi o meu SpaghettiOs, recebi espaguete. Quero que a imprensa saiba disto."

CARL PANZRAM (FALECIDO EM 1930)

Uma pessoa especialmente horrível, que cometeu inúmeros crimes ao longo da sua vida. Nos seus últimos momentos, cuspiu no seu carrasco e, quando lhe pediram as últimas palavras, disse:

"Anda logo, seu cretino. Eu podia matar dez homens enquanto você está brincando!"

JAMES FRENCH (FALECIDO EM 1966)

French, um assassino múltiplo, morreu na cadeira elétrica. Embora as suas últimas palavras sejam discutíveis, a versão mais popular é:

"Olá, amigos! Que tal isto para a manchete do jornal de amanhã? 'Batatas fritas.'"

TOM "BLACK JACK" KETCHUM (MORTE 1901)

Um fora da lei do Velho Oeste, ladrão de trens e membro da famosa Gangue do Buraco na Parede (que também incluía Butch Cassidy e Sundance Kid), Black Jack foi executado por enforcamento em um condado que nunca havia enforcado alguém antes. Aparentemente, ele ficou impaciente, e acabou com duas versões de suas últimas palavras:

"Adeus. Por favor, cavem a minha sepultura bem fundo. Está bem, anda logo" ou "Vou estar no inferno antes que comecem a tomar o café da manhã. Vamos logo!"

GEORGE APPEL (FALECIDO EM 1928)

Condenado à cadeira elétrica por homicídio. Dizem que Appel nos deixou com uma piada:

"Bem, cavalheiros, estão prestes a ver uma maçã cozida."

FRANCIS "TWO GUN" CROWLEY (FALECIDO EM 1932)

Executado aos dezenove anos, após uma onda de três meses de crimes que incluiu vários assassinatos e um tiroteio com a polícia, Crowley tem duas versões de últimas palavras. Na primeira, ele pediu ao diretor do presídio um pano para limpar a cadeira; seu antigo parceiro no crime tinha sido executado pouco antes dele: "Eu quero limpar a cadeira depois deste rato ter se sentado nela." O segundo relato, mais espirituoso, sugere que a última coisa que ele gritou para os presentes antes de morrer foi:

"Seus filhos da mãe. Mandem o meu amor à minha mãe."

Capítulo 10

Diversos

Algumas pessoas desafiam categorias; são verdadeiros indivíduos, pioneiros, dissidentes. São aventureiros, ativistas, mágicos e clarividentes. Às vezes, estão em profissões um pouco menos românticas, como economistas e linguistas. E, em outras ocasiões, em categorias que talvez não sejam populosas o suficiente para garantir uma seção inteira em um livro. De qualquer forma, estas pessoas foram importantes ou tiveram últimas palavras suficientemente interessantes para serem incluídas, independentemente das suas profissões difíceis de classificar.

Que a diversidade das carreiras nesta seção seja um lembrete de que não importa o trabalho que você faça, você vai morrer. Ao contrário de Nostradamus, você não saberá quando ou como, então é melhor tratar cada frase como se fosse a sua última.

JOHN MAYNARD KEYNES (1883-1946)

Este economista britânico tem sido descrito como um dos mais influentes do século XX. Seu trabalho ajudou a mudar as práticas internacionais. Ele escreveu extensivamente, incluindo talvez seu trabalho mais conhecido, *Teoria geral do emprego, do juro e da moeda.* Hoje suas teorias são amplamente utilizadas e conhecidas como economia keynesiana.

Curiosamente, uma de suas crenças fundamentais era que o objetivo da construção de riqueza seria proporcionar lazer. Ele era contra a coleta de riqueza por si só e defendia mais férias e uma semana de trabalho mais curta.

Quando Keynes morreu em decorrência de um ataque cardíaco em sua casa, aos 62 anos, suas últimas palavras foram:

"Gostaria de ter bebido mais champanhe."

KIT CARSON (1809-1888)

Kit Carson foi uma figura lendária da expansão para oeste e da fronteira americana. Histórias das façanhas dele correram soltas durante toda a sua vida. Carson foi famoso por manter a calma sob pressão, e o público americano devorava histórias de sua habilidade e coragem em combate.

Os romances da época pintavam Carson quase como um super-herói, exagerando seus feitos e suas aventuras. As histórias foram vendidas em todo o mundo, fazendo dele uma das faces da fronteira americana romantizada. Apesar das narrativas das batalhas de Carson contra os índios americanos, mais tarde, ele passaria grande parte de seu tempo entre os indígenas e os defenderia em Washington, D.C.

Mais tarde, Carson se aposentou em um rancho no Colorado, onde morou com esposa e filhos. Ele faleceu apenas um mês após sua companheira, que morreu de complicações durante a gravidez. As suas últimas palavras são um exemplo dos exageros das histórias que rodeiam a sua vida. A lenda popular sugere que foram: "Só queria ter tempo para mais uma tigela de chili." O relato mais confiável, porém, sugere que foram:

"Adeus, amigos. *Adios, compadres*."

EDWARD R. MURROW (1908-1965)

O nome de Edward R. Murrow é o primeiro que vem à mente em qualquer discussão sobre ética jornalística. Durante os seus anos na televisão e no rádio, criou uma reputação como um farol impecável de verdade e de justiça.

Ele era um jornalista de guerra destemido e honesto, e reportava regularmente de Londres durante a Blitz, na Segunda Guerra Mundial. Mas sua merecida reputação foi solidificada, de fato, quando ele se recusou abaixar a cabeça para o senador Joseph McCarthy, responsável pela caça às bruxas dos, segundo ele, apoiadores do comunismo.

Infelizmente, Murrow morreu em decorrência de um câncer de pulmão aos 57 anos, depois de ter fumado cerca de três maços por dia. As suas últimas palavras foram para a sua esposa:

"Bem, Jan, tivemos sorte nisso."

GILES COREY (1611-1692)

Corey talvez seja a vítima mais famosa dos julgamentos das bruxas de Salem, conduzidos por cristãos puritanos na colônia de Massachusetts. Depois que sua esposa e ele foram presos sob acusações de bruxaria, Corey foi torturado em uma tentativa de forçar uma confissão de culpa.

Os seus acusadores colocaram uma tábua em suas costas e empilharam pedras pesadas no topo. Depois de dois dias, tudo o que conseguiam obter dele, cada vez que pediam uma confissão, era um grito de "mais peso". Ao se recusar a confessar, Corey assegurou que seus filhos ainda teriam direitos sobre sua terra. A brutalidade do seu assassinato também é tida como um dos principais eventos que restaurou alguma sanidade na região.

A cena é dramatizada na peça de Arthur Miller, *As Bruxas de Salem*, que parece ter sido bastante fiel aos fatos do "julgamento", incluindo as últimas palavras de Corey:

"Mais peso."

ROBERT ERSKINE CHILDERS (1870-1922)

Famoso tanto como escritor quanto como nacionalista irlandês, seu livro *The Riddle of the Sands* foi uma aventura pré-guerra popular e romance de espionagem. Embora sua escrita tenha sido influente, Childers talvez seja ainda mais conhecido por sua participação na Guerra Civil Irlandesa, que mais tarde levaria à sua prisão e posterior execução.

Childers foi fuzilado, mas, antes de sua sentença ser executada, ele apertou a mão de cada homem encarregado da função e disse:

"Deem um ou dois passos à frente, será mais fácil assim."

HARRIET TUBMAN (1822-1913)

Nascida já escravizada, Tubman escapou quando tinha 27 anos e passou o restante de sua vida lutando contra a injustiça. Depois de obter a própria liberdade, ela colocou-se continuamente em perigo enquanto trabalhava com a Underground Railroad para salvar outros fugitivos. Ao todo, Tubman salvou mais de setenta pessoas da escravidão, arriscando sua vida em mais de uma dezena de expedições.

Ela era tão inteligente quanto dura, e era extremamente dura. Dizem que quando Tubman estava se submetendo a um procedimento médico que envolvia abrir seu crânio, ela recusou a anestesia, escolhendo, em vez disso, aguentar a dor.

Sua estatura pequena e aparência pouco ameaçadora a ajudaram a se mover sem ser detectada; e seu raciocínio rápido a ajudou a sair de situações complicadas. Nenhuma das pessoas que ela auxiliou a fugir foi capturada. Além de combater a injustiça racial extrema nos Estados Unidos, Tubman também foi uma defensora ferrenha do movimento pelo sufrágio feminino.

Tubman tinha 91 anos quando morreu em decorrência de pneumonia. Suas últimas palavras foram:

"Balance devagar, doce carruagem."

HARRY HOUDINI (1874-1926)

Harry Houdini era o escapologista mais conhecido do mundo. O mágico e ilusionista nascido na Hungria começou sua carreira escapando de algemas, grilhões de perna e celas de prisão, o que por si só já era impressionante; mas isso logo se transformou em uma bola de neve de camisas de força, câmaras cheias de água, ser enterrado vivo, entre outras truques que desafiavam a morte. Após a morte de sua mãe, Houdini se interessou por mediunidade e espiritualismo, o que o levou a pesquisar sobre o assunto e, por fim, a desmascarar muitos que afirmavam ter habilidades paranormais.

Para realizar suas façanhas, Houdini teve que praticar muito para suportar situações extremas, incluindo força, resistência e treinamento para segurar a respiração por até quatro minutos. Ele se orgulhava de suas proezas físicas e se gabava de poder suportar socos no abdômen, uma façanha que o derrotaria. Depois de um show em Montreal, um estudante universitário lhe perguntou sobre os seus milagres religiosos, bem como sobre a sua afirmação de que aguentaria levar qualquer soco. Depois que Houdini disse que este último era verdade, o homem o socou várias vezes sem aviso prévio. Poucos dias após o incidente, depois de realizar um par de espetáculos mesmo com dor e febre, Houdini morreria em decorrência de uma ruptura do apêndice. As suas últimas palavras:

"Estou cansado de lutar."

JACK DANIEL (1850-1911)

Nascido em Lynchburg, Tennessee, Jack Daniel se tornou, talvez, o destilador mais famoso do mundo. Ele começou a trabalhar novo em uma destilaria e aprendeu os detalhes do processo com um homem chamado "Nearest" Green. Green era um escravo, mas, anos depois, foi emancipado junto com os filhos e continuou a trabalhar na destilaria Jack Daniel. Mais tarde, a empresa nomeou Green oficialmente como o primeiro mestre destilador em sua história.

A primeira grande oportunidade para a Jack Daniel's Tennessee Whiskey veio quando ele foi premiado com uma medalha de ouro na Feira Mundial de St. Louis de 1904. A marca é agora um nome conhecido, e é vendida em todo o mundo. Ironicamente, o condado da destilaria parece estar seco desde a Proibição.

Daniel morreu após uma septicemia em 1911. Suas últimas palavras foram:

"Uma última bebida, por favor."

NOSTRADAMUS (1503-1566)

Mais famoso vidente da história, Nostradamus é mais conhecido como o escritor de *As profecias*. Alguns acham que as 942 quadras poéticas predisseram corretamente toda a natureza de eventos importantes da humanidade; outros, que são a obra vaga de um charlatão.

Não importa de que lado do debate você esteja, parece que a própria morte Nostradamus previu corretamente. Segundo o seu secretário, a última coisa que ele disse na noite antes de ser encontrado morto foi:

"Amanhã, ao nascer do sol, eu não estarei mais aqui."

AMELIA EARHART (1897-1937)

A destemida aviadora foi a primeira mulher a voar sozinha atravessando a América do Norte ida e volta, a primeira mulher a atravessar sozinha o Atlântico e a primeira pessoa de qualquer sexo a voar de Honolulu para Oakland. Estes foram apenas alguns de seus muitos, muitos feitos impressionantes, pois Earhart rapidamente se tornou uma sensação internacional.

Infelizmente, em 2 de julho de 1937, ela partiria para seu último voo antes de desaparecer misteriosamente no oceano Pacífico. O seu sumiço continua a ser um tema muito debatido e de grande interesse nos dias de hoje, com teorias que incluem um acidente no mar, a morte em uma ilha deserta, a captura pelas forças japonesas e até uma elaborada conspiração para escapar dos holofotes e mudar a sua identidade.

A sua transmissão final foi:

"Estamos correndo nas linhas norte e sul."

Capítulo 11

Lápides

Como já estabelecemos, é extremamente difícil ser bem-sucedido em suas últimas palavras. Mesmo que você tenha um plano, não há garantia de que terá chance de executá-lo. Algumas celebridades espertas encontraram uma maneira de contornar isso. Estes homens e estas mulheres pensaram no futuro e tiveram suas palavras finais inscritas em suas lápides. Não há melhor maneira de dar a última gargalhada do que esculpi-la em granito.

MERV GRIFFIN (1925-2007)

Cantor, ator, produtor e apresentador — você provavelmente o conhece melhor como o criador de *Jeopardy* e *Wheel of Fortune* e o apresentador do *The Merv Griffin Show*. Talvez você não saiba que ele também emplacou um hit dos anos 1950, com a música "I've Got a Lovely Bunch of Coconuts". O seu epitáfio:

"*Não* voltarei logo após esta mensagem."

MEL BLANC (1908-1989)

Ele era o homem das mil vozes. Se você tem um personagem de desenho animado favorito dos *Looney Tunes*, é bem provável que ele tenha sido interpretado por Mel Blanc. Pernalonga, Patolino, Gaguinho, Piu-Piu, Frajola, Eufrazino, Marvin, o Marciano, Pepe, o Gambá: todos eles eram Blanc. Foi o espetáculo de um homem só. Ele até recebe o crédito pelos sons do Papa-Léguas e do Wile Coyote.

Só havia realmente uma coisa que podia ir na sua lápide:

"Por hoje é só, pessoal."

JACK LEMMON (1925-2001)

Um dos melhores do seu ramo, Lemmon é, provavelmente, mais conhecido por seu trabalho com Walter Matthau, como o mais arrumadinho de *Um Estranho Casal*, e aquele um pouco menos mal-humorado em *Dois Velhos Rabugentos*. Esses dois trabalhos são apenas uma pequena amostra da impressionante filmografia de Jack, que também inclui *Quanto Mais Quente Melhor*, *Se Meu Apartamento Falasse*, *Sucesso a Qualquer Preço*, e o papel vencedor de um Oscar em *Mister Roberts*. Lemmon acumulou quase cem créditos de interpretação em seus cinquenta anos como um dos atores mais amados de Hollywood.

A lápide de Lemmon se parece muito com os créditos de seu filme final: "Jack Lemmon em..."

BILLY WILDER (1906-2002)

Quando se tratava de filmes nos anos 1950 e 1960, Billy Wilder era imbatível. Diretor inteligente e roteirista perfeito, ele poderia fazer de tudo, desde mistério até comédia. Entre *Pacto de Sangue*, *Crepúsculo dos Deuses*, *Se*

Meu Apartamento Falasse, *A* Águia *Solitária* e *Quanto Mais Quente Melhor*, o currículo de Wilder é uma grande lista de sucessos de filmes clássicos.

Seus personagens tinham frequentemente um encanto inteligente e autodepreciativo, assim como a sua lápide:

"Sou um escritor, mas ninguém é perfeito."

ROBERT CLAY ALLISON (1841-1887)

Soldado confederado, pistoleiro e rancheiro que uma vez andou pela cidade usando apenas o coldre com sua arma, Allison era conhecido como um homem desagradável, rápido o suficiente com uma arma para sair como o sobrevivente de vários confrontos. O seu epitáfio:

"Ele nunca matou um homem que não precisasse matar."

DOC HOLLIDAY (1851-1887)

Jogador, bebedor, pistoleiro, dentista e bom amigo de Wyatt Earp, a lenda de Doc Holliday continua a crescer desde sua morte. Ele se tornou famoso por meio de livros e filmes, geralmente retratado como um cavalheiro malandro com um humor rápido e um comportamento calmo. O homem que lutou ao lado do Earp tem mais do que algumas falas clássicas atribuídas a ele, incluindo "Eu sou o teu Huckleberry". Faz sentido que tanto as suas palavras derradeiras como o seu epitáfio tenham o charme sutil pelo qual ele se tornou famoso.

Últimas palavras: "Isto é engraçado."

Epitáfio: "Ele morreu na cama."

RODNEY DANGERFIELD (1921-2004)

O homem que tinha fama de não ser respeitado possuía um talento enorme e um coração do mesmo tamanho. Não havia e não há ninguém melhor em piadas de autodepreciação. Dangerfield tinha uma para cada ocasião, e elas eram sacadas de levar a casa abaixo. Estrela dos palcos e das telas, ele também dirigiu um clube em Nova York que ajudou a lançar um "quem é quem" dos grandes comediantes.

A sua lápide resume perfeitamente sua sagacidade característica:

"Lá se vai a vizinhança."

LESLIE NIELSEN (1926-2010)

Esta lenda canadense pode até ter começado sua carreira como galã em filmes como *Planeta Proibido*, mas ele sempre será lembrado por suas atuações cômicas em clássicos como *Apertem os Cintos... O Piloto Sumiu* e *Corra que a Polícia Vem Aí*!. O amor do ator pelo prazer simples de uma piada de peido é capturado perfeitamente em sua lápide:

"Essa foi de rasgar."

PATRICIA NIXON (1912-1993)

Diga o que quiser sobre o marido dela, mas Pat Nixon era uma senhora inteligente e firme, ainda que disfarçasse com um charme discreto. Mesmo depois que seu marido deixou a presidência dos Estados Unidos de forma pouco gloriosa, Pat continuou sendo uma das mulheres mais respeitadas do país. Devido tanto à sua história inspiradora de ascensão social quanto às suas demonstrações de carinho e gentileza, até hoje sua imagem é extremamente positiva.

O epitáfio dela diz:

"Mesmo quando as pessoas não conseguem falar a sua língua, elas podem dizer se você tem amor no coração."

WILLIAM BUTLER YEATS (1865-1939)

O incrível escritor irlandês e ganhador do Prêmio Nobel de Literatura deixou o mundo com uma impressionante lista de poemas fenomenais, "Leda e o Cisne", "Velejando para Bizâncio", "Páscoa, 1916", "A Segunda Vinda", só para citar alguns. Suas palavras serão certamente imortalizadas por gerações futuras, incluindo os três versos encontrados em sua lápide, retirados de um de seus poemas finais:

"Lança um olho frio
Na Vida, na Morte.
Cavaleiro, passe."

BETTE DAVIS (1908-1989)

Uma das maiores atrizes da história de Hollywood, Davis interpretou todo tipo de papel e brilhou em todos eles. A sua presença marcante nas telas espelhava a sua personalidade firme fora da câmera. Bette pode ter sido uma mulher no mundo dos homens, mas ela não estava disposta a calar a boca e abaixar a cabeça. Jogava de igual para igual com qualquer um, e sua lápide ecoa a maneira como ela, orgulhosamente, viveu a vida:

"Ela o fez da maneira mais difícil."

CALAMITY JANE (1852-1903)

Apesar de ser uma das mulheres mais famosas do Velho Oeste, não se sabe muito sobre a vida de Martha Jane Canary além do que ela própria contava e do seu tempo em Deadwood. Muitos dos pontos de discórdia giram em torno de sua relação com Wild Bill Hickok, que, dependendo da versão, ou não se importava muito com ela ou se casou com ela em segredo. Independentemente da relação entre os dois, sabemos que o seu último pedido foi honrado e que se tornaria o seu epitáfio:

"Enterrem-me ao lado do Wild Bill."

PETER FALK (1927-2011)

Seja em seus papéis em comédias clássicas como *Deu a Louca no Mundo* e *Assassinato por Morte*, em sua fantástica atuação em *Columbo* ou como o avô em *A Princesa Prometida*, todos nós amamos Peter Falk. Poucos atores têm o charme do homem comum ou a sabedoria de Falk. Ele está enterrado em Los Angeles ao lado de sua esposa, que é o tema de seu epitáfio comovente:

"Eu não estou aqui. Estou em casa com a Shera."

DEAN MARTIN (1917-1995)

É impossível ser mais descolado que Dean Martin. O cantor e comediante tinha um charme espontâneo e uma voz suave que o tornaram um dos artistas mais amados da sua geração. Martin fez tudo como integrante do Rat Pack, tanto como parte da dupla inesquecível Martin e Lewis como em carreira solo, com canções como "Ain't That a Kick in the Head, and "You're Nobody till Somebody Loves You". Uma de suas músicas de maior sucesso também serviu como um epitáfio comovente:

"Todo mundo ama alguém em algum momento."

JIM MORRISON (1943-1971)

O vocalista do The Doors tem um dos túmulos mais populares do mundo, frequentado por sua legião de fãs, que faz a peregrinação ao cemitério de Pere Lachaise, em Paris. O lugar de descanso de Morrison não tem sido nada tranquilo. Originalmente, o túmulo do cantor não tinha identificação, até que um busto foi colocado e depois roubado, levando a um segundo busto e a uma placa de bronze, que não se encontram atualmente no túmulo. A placa do momento foi colocada em 1990, com texto escolhido pelo pai do cantor, escrito em grego. O epitáfio pode ser traduzido como:

"Fiel ao seu próprio espírito."

MARCEL DUCHAMP (1887-1968)

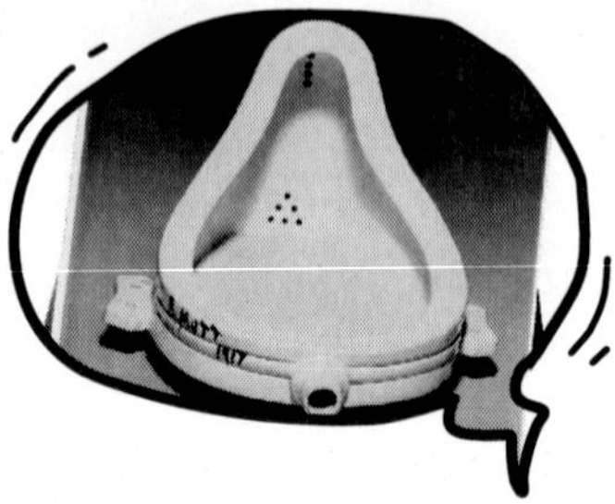

Não há muitos artistas que tenham tido o impacto do revolucionário Marcel Duchamp. O pintor e escultor franco-americano levou as definições de arte para novas e, muitas vezes, absurdas alturas. Ainda que tenha sido um pintor incrivelmente talentoso, ele é mais conhecido por suas peças dadaístas. Seu trabalho era de vez em quando lúdico, muitas vezes controverso e quase sempre inovador. Como grande parte da sua obra, o epitáfio de Duchamp tem um toque de humor escondido sob a superfície:

"*D'ailleurs, c'est toujours les autres qui meurent.*"

("Além disso, são sempre os outros que morrem.")

Mais Algumas Últimas Palavras

Você se lembra de quando era criança e as mães diziam aos filhos para sempre usarem roupa íntima limpa, porque poderiam ser atropelados por um ônibus? O que elas, provavelmente, deveriam dizer é: cuidado com o que fala, porque cada frase pode ser sua última. É verdade que seria assustador para uma criança ouvir isso, mas é um bom conselho.

No entanto, passamos por muita coisa para conseguir elaborar a frase perfeita. Os mais sortudos conseguem sair com um "Eu te amo" — apesar da tirada de Oscar Wilde sobre o papel de parede ser quase tão boa quanto. Se há uma lição nessa obra é que nós tendemos a morrer da maneira que vivemos. Então, ficamos com duas escolhas: viver bem ou não morrer. A primeira parece mais fácil.

Embora não seja motivo de preocupação, a maioria de nós morre durante o sono. Mas, claro, não sabemos qual noite será a nossa última. Isso não é reconfortante?

Boa noite.